SPHINX

Das Buch

Zen ohne Zen-Meister ist eine Sammlung witziger, zeitgenössischer Zen-Parabeln und gleichzeitig die vielleicht beste Einführung in die ungewohnte und manchmal erstaunliche Welt der Meditation, in das östliche Denken und in das Universum der Philosophien, die den sich ständig erweiternden Horizont menschlichen Bewußtseins heute bilden.

Camden Benares vereinigt in diesem Buch die ‹innere Suche› mit unseren Alltagserfahrungen. Für die Millionen von mit den Selbsterfahrungsgruppen, Meditierzirkeln und anderen Zweigen der spirituellen Bewegung Vertrauten ist *Zen ohne Zen-Meister* wie eine frische westliche Brise an einem schwülen Tag.

Der Abschnitt mit Meditationshilfen und Übungsanweisungen bündelt eine Reihe von Erfahrungen in einer verständlichen und nachvollziehbaren Weise. Diese Erläuterungen zeichnen sich durch Klarheit und Einfachheit aus und entmystifizieren den Entwicklungsprozeß durch ihre praktische Anwendung.

«Wenn du nicht lachen mußt, hast du den Punkt nicht verstanden. Wenn du nur lachst, hast du die Chance der Erleuchtung verpaßt.»
Robert Anton Wilson

Der Autor

Seit Jahrzehnten beschäftigt sich Camden Benares mit Zen. Da er es vorzieht, diesem unvoreingenommen und zwanglos zu begegnen, suchte er immer nach Beispielen, die zeigen, wie Zen auf westliche Menschen in westlicher Umgebung wirkt. 1965 trat er der Diskordischen Gesellschaft* bei, wo er bei den Aktionen von Kerry Thornley, Gregory Hill und anderen Diskordiern die Wirkung von angewandtem Zen beobachten konnte. Damals begann er die Erfahrungen, Einsichten und Informationen zu sammeln, die zum vorliegenden Buch führten.

* Die Diskordische Gesellschaft war eine in San Francisco ansässige dadaistische, ästhetisch-theologische Gesellschaft, die mit esoterischer Satire gehandelt hat.

Camden Benares

ZEN OHNE ZEN-MEISTER

SPHINX

Aus dem Amerikanischen
von Heinz Martin

CIP-Titelaufnahme der Deutschen Bibliothek
Benares, Camden:
Zen ohne Zen-Meister / Camden Benares.
[Aus d. Amerikan. von Heinz Martin]. – Basel: Sphinx, 1990
(Sphinx pocket; 64)
Einheitssacht.: Zen without Zen masters <dt.>
ISBN 3-85914-364-6
NE: GT

Originaltitel: Zen Without Zen Masters
Erschienen bei Falcon Press, Phoenix, Arizona, USA

Umschlagillustration: Reto Fontana
Illustrationen: Deborah M. Cotter
Gestaltung: Charles Huguenin
Satz: Uhl + Massopust, Aalen
Herstellung: Clausen & Bosse, Leck
Printed in Germany
ISBN 3-85914-364-6

Für Kerry Thornley & Gregory Hill

INHALT

VORWORT

Auf meiner Suche nach einem Verständnis des Zen waren meine ersten Fragen: Was ist Zen? Was kann er mir persönlich bringen? Wie finde ich meinen persönlichen Einstieg? Das Folgende sind meine zur Zeit nützlichsten Antworten auf diese Fragen.

Zen ist der radikalste Einstieg in den Buddhismus. Historisch gesehen gehört zu seinen ersten Manifestationen eine buddhistische Sekte, die einer Mischung aus diesem und taoistischem Gedankengut entsprang. Einigen Überlieferungen zufolge, entstand er aus der Begegnung von Buddha und Laotse vor etwa zweieinhalbtausend Jahren. Wie dem auch sei, die meisten Autoritäten auf diesem Gebiet nehmen an, daß sich der Zen im China des sechsten Jahrhunderts unserer Zeitrechnung entwickelte, als indische Buddhisten-Missionare auf Taoisten trafen. Er verbreitete sich dann während des zwölften und dreizehnten Jahrhunderts über China und Korea nach Japan, von wo er um die Jahrhundertwende in die abendländische Kultur gelangte.

Zen hat mein Bewußtsein geklärt und freier gemacht und mir zugleich einen Weg eröffnet, das Leben unmittelbarer zu erleben, einen Weg, auf dem ich erfuhr, wer ich bin und wie ich mein Leben führen will.

Grundsätzlich gibt es zwei Wege, die zum Zen führen. Der eine (formale) führt über das Studium mit einem japanischen Zen-Meister, der andere (informelle) besteht aus einem individuellen Studienprogramm, wobei einem alles nur Erdenkliche an Erlebnissen und Informationen als Unterricht dienen kann. Diesen letzteren Weg nenne ich westlichen Zen, und in ihm sehe ich den gegenwärtigen Stand der ursprünglichen Zen-Tradition. *Zen ohne Zen-Meister* ist der Versuch, meine Erfahrungen in westlichem Zen darzustellen.

Dieses Buch mag bei manchen Lesern etwa die Frage hervorrufen, ob sich diese Zen-Anekdoten wirklich ereignet haben. Nun, darauf kann ich nur antworten: Viele der Anekdoten, einschließlich der am unwahrscheinlichsten klingenden, sind einfach dem Leben entnommen. Zu anderen bin ich durch Vorkommnisse in meinem Alltag inspiriert worden. Wieder andere kenne ich vom Hörensagen, ihre Quellen sind mehr oder weniger zuverlässig. Nur einige wenige dieser Anekdoten stellen den Zen in Parabelform dar.

Haben die Übungen und Meditationsanweisungen Auswirkungen? Nach meinem bestem Wissen und meiner Erfahrung kann ich diese Frage bejahen. Das soll nun aber nicht heißen, daß sie für jeden zu jeder Zeit anwendbar sind. Jeder Leser sollte sich in dieser Hinsicht von seiner eigenen Erfahrung leiten lassen, da es nicht meine Absicht ist, jemanden zu irgend etwas anzuhalten, das ihm nichts bringt.

Über den Sinn dieses Buches hege ich folgende Ansicht: Diese Worte sollen euch helfen, mehr aus dem Leben zu *bekommen.* Weder diese Worte noch ihre Bedeutung können Zen sein, denn dieser ist die Wirklichkeit hinter der Bedeutung, und so ist dieses Buch ein Instrument, mit dessen Hilfe ihr diese Wirklichkeit in ihrer ganzen Fülle erfahren könnt.

Camden Benares

KOMMENTAR

Sag das Zauberwort, und die Ente kommt runter und zahlt dir 100 Dollar aus.

Marx-Brothers

Viele Leser der *Illuminatus!*-Trilogie haben mich gefragt, warum wohl Hagbard Celine die geheimnisvollen Initialen H. M. und S. M. nach seinem Namen benutzt und was sie bedeuten. Bis heute bin ich dieser Frage stets ausgewichen, da ich mir nicht sicher darüber war, ob Hagbard die Enthüllung dieser Geschichte recht wäre. Nun hat jedoch Camden Benares in *Zen ohne Zen-Meister* all die inneren Geheimnisse des Mystizismus enthüllt. Er hat dies so vorbehaltlos getan, daß auch die früheren Vorfälle in Hagbard Celines Leben, von denen sich die obenerwähnten Initialen herleiten, offenbar geworden sind. Dabei genügt es, die Anekdote unter dem Titel *Die Erleuchtung eines Suchenden* in diesem Buch zu lesen.

Andere haben mich oft gefragt, ob all die Figuren aus der *Illuminatus!*-Trilogie wirklich existierten. Natürlich taten sie das. So ist der rätselhafte Malaclypse der Jüngere aus *Illuminatus!* identisch mit Mal in *Zen ohne Zen-Meister*. Dazu zum Beispiel *Mals Wahrheit* im folgenden.

Die Philosophie in diesem Buch, die man Diskordianismus, Erisianismus oder sogar Marxismus-Lennonismus* nennen könnte, ist ein Gruppenkunstwerk – wie jede Art von

* Natürlich nach Groucho und John benannt. Ein grundlegender diskordianischer Koan lautet: «Why don't we do it in the road?»

Wirklichkeit. Camden Benares hat dabei nicht mehr erfunden als ich oder Mal oder Ho Chi Zen. Wie Topsy aus *Onkel Toms Hütte* oder das Universum um uns herum ist diese Philosophie einfach gewachsen.

Einige behaupten, daß Zenon von Elias der erste erisianische Antitheologe war. Er erbrachte den Beweis, daß das Ankommen eines Pfeiles an seinem Ziel niemals mit Hilfe folgender logischer Deduktion erklärt werden kann: Der Pfeil muß zunächst die halbe Distanz bis zu seinem Ziel durchmessen, und bevor er dies schafft, die Hälfte der halben Distanz (also ein Viertel der ganzen) und dabei wiederum erst die Hälfte davon (ein Achtel der ganzen) und so weiter, bis zu unendlich kleinen Bruchteilen der ursprünglichen Strecke.

Einige andere meinen, der erste richtige Erisianer wäre Sri Syadasti, der weise Hindu, gewesen. Er verkündete, alle Behauptungen seien in gewissem Sinne wahr und falsch und bedeutungslos. Dies wird von jenen bestritten, die davon ausgehen, daß Sri Syadasti nicht in den Schriften der Hindus belegt ist und in Wirklichkeit vom schlitzohrigen Ho Chi Zen erfunden wurde.

Es scheint jedoch ausreichend belegt, daß 1849 ein erisianischer Missionar in der Bay Area von Kalifornien gelandet ist und sich unter dem Namen Norton I. zum Kaiser der Vereinigten Staaten von Amerika und Verweser von Mexiko ausrief. Norton wurde augenblicklich vom okkultesten Orden von San Francisco, den Altehrwürdigen und Anerkannten Freimaurern, als ein erleuchtetes Wesen erkannt. Sie verliehen ihm den 33. Grad und begruben ihn nach seinem Tod im Jahre 1880 auf dem Logenfriedhof.

Es gilt als ziemlich gesichert, daß Norton trotz seiner Armut in den besten Restaurants von San Francisco die üppigsten Menüs serviert bekam. Trotz seiner Verrücktheit schrieb er Briefe, denen Leute wie Abraham Lincoln und Königin Victoria ernsthaft Beachtung schenkten; und obwohl er auch ein Scharlatan war, strömten an die dreißigtausend Menschen zu seinem Begräbnis, so beliebt war er.

Als einmal das Bürgerwehr-Komitee in aufrührerischer Stimmung zur Brandschatzung von Chinatown aufrief, zerstreute Norton I. den Mob einfach dadurch, daß er mit gesenktem Kopf auf der Straße stand. Wie Laotse sagt: «Wenn der tüchtige Mann nichts tut *(wu-wei)*, wird sein Gedanke noch im Umkreis von zehntausend Meilen wirken.»

Malaclypse der Jüngere hat auf die Bedeutung von Norton I. verwiesen, als er in seinen infamen *Principia Discordia* schrieb: «Jeder versteht Micky Mouse. Wenige verstehen Hermann Hesse. Kaum einer versteht Albert Einstein. Und niemand versteht Kaiser Norton.» Mordecai der Faule, Hohepriester des Höchsten Tempels der Bayerischen Illuminaten, sagt über Norton mit schlichter Ehrfurcht: «Lebt wie er!»

Wie lautet die zentrale Wahrheit hinter Marxismus-Lennonismus, Erisianismus, Diskordianismus und *Zen ohne Zen-Meister*? In diesem Punkt sind sich unsere führenden Antitheologen einig – und uneinig (wie zu erwarten war). Mal sagt einfach: «Gott ist eine verrückte Frau, und ihr Name ist Eris.» Ho meint in seiner abstrakten und weniger bildhaften Art: «Die Hölle ist ausschließlich für jene reserviert, die an sie glauben.» Camden Benares drückt es kurz und bündig so aus: «Wenn wir genug glauben, wird es weiterhin ein Mehr geben. Brauchen wir's wirklich?» Mordecai der Faule ruft lediglich aus: «Fnord!» und schlägt dich mit einem Stock, wenn du weiterfragst.

Aber im Ernst, Leute (wie Bob Hoppe immer sagt), *Zen ohne Zen-Meister* ist wie alle anderen Aspekte der *Operation Mindfuck* kein komplizierter Witz in der Verkleidung einer neuen Form von Buddhismus. Es ist eine neue Form von Buddhismus in der Verkleidung eines komplizierten Witzes. Guerilla-Ontologie. Epistemologisches Judo. Lachst du überhaupt nicht, hast du die Pointe verpaßt, lachst du nur, hast du deine Chance auf Erleuchtung vertan. Wie Lichtenberg es einmal, wenn auch in anderem Zusammenhang, ausdrückte: «Dieses Buch ist ein Spiegel. Blickt ein Esel hinein, schaut kein Philosoph heraus.»

Heil Eris!

OM!

Fnord?

Robert Anton Wilson

I
FÜHRER UND LIEBENSWERTE NARREN

DAS INDIVIDUELLE SYSTEM

Viele Menschen haben sich befreit oder erscheinen so. Einige unter ihnen suchen sich Schüler, ungeachtet der Worte Nietzsches: «Was, du suchst Anhänger? Ja wenn du dich zehn-, hundert-, tausendfach multiplizieren möchtest, dann – suche Nullen!» Wenn du darüber nachdenkst, merkst du, daß jedes System der Befreiung nur einmal, nur für ein Individuum anwendbar ist.

MEISTER UND LEHRER

Fragte man Ho Chi Zen, was er von Meistern und Lehrern halte, meinte er stets: «Der alte Fuchs kann vom jungen Narren mehr lernen, als dieser sich je erhoffen kann, von jenem zu lernen.»

MALS WAHRHEIT

Während eines Interviews wurde Mal gefragt, ob seine Art zu lehren ernst oder humorvoll sei. Mal antwortete: «Manchmal nehme ich den Humor ernst, ein andermal die Ernsthaftigkeit humorvoll. Wann ich was tue, das ist unerheblich.»

Der Interviewer erwiderte darauf, daß Mal verrückt sein müsse. Da grinste Mal und sagte: «Richtig! Aber lehne meine Art zu lehren nicht ab, bloß weil ich verrückt bin. Denn ich erscheine nur so, weil sie echt ist.»

BEN UND DER FANATIKER

Während seiner Unterweisungen betonte Ben immer wieder, Zen sei deshalb sein Weg, weil dieser ihm erlaube, er selbst zu werden. Alle anderen Wege, die angeblich zum kosmischen Bewußtsein führen, schienen ihm nicht mit seiner Natur vereinbar zu sein. Allen Suchern gab er den Rat, jedes System dahingehend zu prüfen, was es einem angehenden Eingeweihten abverlange, und dabei drei Dinge zu beachten:

1. Was man von dir zu glauben verlangt, entspricht dem, was das System nicht beweisen kann.
2. Bedenke, was immer du geheimhalten sollst, hat mehr Wert für den Lehrer als für den Schüler.
3. Jede verbotene Übung bietet etwas, das dieses System durch nichts ersetzen kann.

Einmal fragte darauf ein Zuhörer: «Glaubst du nicht, daß das Aufgeben der Sinnlichkeit ein neues Bewußtsein entstehen läßt?»

«Meine Erfahrung hat gezeigt», so Bens Antwort, «daß der Verlust der Sinnlichkeit das Bewußtsein eines Fanatikers erzeugt.»

DIE REAKTION DER ZUHÖRER

Ben wurde gefragt, wie er annehmen könne, daß man seine Lehren ernst nähme, wenn sie in seinen Zuhörern soviel Gelächter hervorriefen. «Lachen ist die einzig echte Form der Zustimmung», war seine Erwiderung.

EIN ALLGEMEINES LEIDEN

Im Kreise seiner treuesten Anhänger verfiel Waldo dem Wahn, sich selbst zu ernst zu nehmen. Dies machte ihn schließlich unglücklich und krank. Als er Ralph, einen der wenigen, der über seine unbewußten Konditionierungen hinausgewachsen war, um Hilfe bat, meinte dieser: «Du leidest an orthodoxen Verhärtungen.»

POP-QUIZ

Ralph, wie viele andere in der Tradition der Guru-Spitzbuben, nutzte die Gläubigkeit seiner Schüler zu deren Erbauung ebenso wie für sein eigenes Vergnügen. Auf die Frage, wie er so viel Wissen habe ansammeln können, ließ er durchblicken, daß er schon seit Jahrhunderten auf der Erde sei. Der Kreis seiner Schüler schluckte dieses ohne weiteres. Dennoch entfuhr es einem verblüfften Schüler: «Erstaunlich, wie menschlich du bist.» Ohne zu zögern erwiderte Ralph: «Nach über tausend Jahren wird man heimisch.»

HO CHI ZENS SCHULE

Als Ho Chi Zen soweit war, Schüler anzunehmen, beschloß er, eine Schale an die Tür im Versammlungsraum zu stellen. Über dem kleinen Messingbehälter brachte er ein Schild an, auf dem stand: Möchtest du spenden, so tue dies vor dem Unterricht.

Dabei pflegte er einen Platz einzunehmen, von wo aus er leicht beobachten konnte, welche seiner Schüler der Aufforderung nachkamen und welche nicht. Als man ihn auf dieses Tun ansprach, erklärte er: «Jeden, der dreimal hintereinander spendet, entlasse ich auf der Stelle aus der Schule, denn er ist maßlos leichtgläubig.»

DR. ZEN

Omar pflegte Umgang mit einem außergewöhnlichen Schwarzen, den er Dr. Zen nannte. Wer immer sich auf Dr. Zen einließ, fragte sich nach kurzer Zeit: «Ist dieser Mensch verrückt oder weise?» Omar selbst war der Meinung, daß Dr. Zen einen christlichen Zen im eigentlichen Sinn praktiziere.

Als Omar dann erfuhr, daß Dr. Zen sich als Bibelanalytiker bezeichnete, wollte er von ihm wissen, wie oft er die Bibel gelesen habe. Hier Dr. Zens Antwort: «Oh, ich habe die Bibel niemals ganz gelesen, denn wer einen Vers verstanden hat, versteht sie alle.»

Jemand, der dies mitbekommen hatte, fragte darauf, um welchen Vers es sich denn handle.

Darauf Dr. Zen: «Und Jesus weinte.»

EIN OHRENKLINGELN

Ein im Zölibat lebender traditioneller Zen-Mönch fragte einmal Ho Chi Zen, welche Gelübde er abgelegt habe.

«Nachdem die große Aufnahme geschehen ist», so Hos Antwort, «klingen alle Gelübde wie Messingglöckchen.»

HYPOCS OHRRING

Während eines Treffens, zu dem Hypoc eingeladen hatte, kam Mal auf den goldenen Ohrring zu sprechen, den Hypoc an seinem linken Ohr trug. Er fragte, ob jemand wisse, was dieses Tragen eines einzelnen Ohrringes am linken Ohr grundsätzlich bedeute. Darauf meinte Bert, daß die Matrosen der Handelsschiffahrt dies seit jeher zum Zeichen der Überquerung des Äquators getan hätten.

Dies führte zu einer Diskussion, die von der Bedeutung der mythischen Überquerung eines möglichen Äquators in der Selbsterfahrung dazu führte, ob das Ohr die persönliche Freiheit repräsentiere, die gesellschaftlich gesehen ja auch «links» der Konformität anzusiedeln sei, und im weiteren zur Bedeutung des linken Ohrs im Okkulten.

Als die hitzige Diskussion sich wieder etwas beruhigt hatte, fragte Mal Hypoc, warum er denn seinen Ohrring links trage, und Hypoc antwortete: «Ich schlafe gern auf dem rechten Ohr.»

LUKAS' MEDITATION

Als er die transzendentale Meditation beherrschte, gab Lukas sein Wissen über diese einfachen Techniken an jedermann weiter, der sich dafür interessierte. Anders als andere Meditationslehrer verlangte er kein Geld, sondern bat lediglich um eine kleine Gegenleistung für seinen Zeitaufwand.

Anstatt über ein ausgetüfteltes System in einer komplizierten Sprache zu reden, lehrte Lukas einfach, wie man den Kopf von nichtigen Ablenkungen freimachen kann. Dabei ließ er Kerzen brennen und den Duft von Räucherstäbchen den Raum durchziehen. Als ein Schüler fragte, warum er sich frei von Gedanken machen solle, antwortete Lukas, Laotse zitierend: «Räder ohne Loch in der Nabe kann man nicht zum Befördern eines Wagens gebrauchen, und ein leeres Gefäß bietet Raum für Nahrung.»

OTIS UND DER ÄLTERE SCHÜLER

Ein älterer Schüler kam zu Otis und erzählte: «Ich habe schon viele Lehrer gehabt und schon viele Sinnesfreuden aufgegeben. Ich habe gefastet, keusch gelebt und blieb nächtelang wach auf der Suche nach Erleuchtung. Ich gab alles auf, was von mir aufzugeben verlangt wurde. Ich habe auch gelitten, doch wurde ich nicht erleuchtet. Was soll ich denn weiter tun?»

Otis' Antwort: «Gib das Leiden auf.»

PETER UND DER JAPANISCHE ZEN-MEISTER

Peter, Schauspiellehrer und selbst Schauspieler, besuchte eine Zen-Vorlesung an seiner Universität. Ein Professor der Philosophie stellte den vorlesenden japanischen Zen-Meister und dessen Assistenten vor. Auf englisch erklärte der Zen-Meister, daß er seinen Vortrag auf japanisch halten würde. Sein Assistent, der das Englische besser beherrsche, würde dabei übersetzen. Darauf meldete sich Peter zu Wort und bat den Meister, auf den Übersetzer zu verzichten, da sein Englisch doch ausgezeichnet sei. So könne sein Assistent sich den Fragen aus dem Publikum widmen.

Sich an Peter wendend, fragte der Zen-Meister: «Wer sind Sie?»

«Ich bin Schauspieler», erwiderte Peter.

«Dann spielen Sie», waren des Meisters Worte, bevor er den Hörsaal verließ.

DER ZEN-TEMPELPRIESTER

Jefferson hatte die Tiefen des Lebens bis zu einem Punkt erlebt, an dem er ein neues Leben zu führen begann. Er behandelte nun seinen Körper und Geist als Einheit, statt sie wie früher als getrennt zu betrachten. Als er erfuhr, daß sich in seiner Nähe ein Zen-Tempel befand, ging er hin und ersuchte um Aufnahme als Schüler. Der Tempelpriester schickte ihn jedoch heim mit der Begründung, der Aufnahmetermin für neue Schüler sei vorbei. Er erklärte dazu: «Jetzt ist nicht der richtige Zeitpunkt.»

Da Jefferson aber wußte, daß *jetzt* der einzig richtige Zeitpunkt ist, begriff er, daß der Tempelpriester nicht bereit war.

HOS ERSTE PREDIGT

Obwohl ich den Worten der Lehrer und Führer aller Richtungen immer Gehör schenkte, habe ich letztlich so gehandelt, wie es mir entsprach. Indem ich Glauben und Zweifel vermied, meine Sehnsucht und mein Verhaftetsein dorthin gehen ließ, wo immer sie hingehören, schaffte ich es schließlich, allen Versuchungen zu widerstehen und mit dem Tao in Einklang zu sein.

Diesen Weg einzuschlagen fiel mir nicht leicht, da er sich in unendlichen Windungen durch eine steile und glitschige Felswand hinzuziehen scheint. Man ist sich dabei nie ganz sicher, ob all die Boddhisatvas und alten Meister nicht doch Verrückte waren. Denn könnte der *wahre* Weg nicht ebenso unnatürlich geradlinig und eindeutig sein, wie ihr Beharren darauf?

Der vollkommene Seher jedoch bleibt unerschütterlich in seinem Wissen, daß jeder Weg, der ohne Arglist und mit Hingabe gegangen wird, ein unvergleichlicher Lehrmeister ist.

GLADYS UND DER ZEN-MEISTER

Auf ihrer Suche nach dem Zen kam Gladys in ein japanisches Kloster, wo sie sich mehrere Monate aufhielt. Immer wieder bestürmte sie den Zen-Meister mit der Frage: «Was ist Zen?», ohne darauf je eine Antwort zu erhalten.

Um ihre Hingabe zu demonstrieren, begann sie die Toiletten zu reinigen. Doch der Zen-Meister war davon keineswegs beeindruckt, worauf Gladys sich gedemütigt fühlte.

Ihr war auf einen Schlag klargeworden, daß, wenn sie den Wunsch hatte, Toiletten zu säubern, sie das überall tun könnte. Da sie sich damit entschlossen hatte, das Kloster zu verlassen, teilte sie dies dem Meister mit.

«Das ist Zen», bemerkte der nur.

FORTSCHRITT IN DER ABGESCHIEDENHEIT

Mit dem Ziel der persönlichen Entwicklung zog sich Jane für einige Wochen in ein Meditationszentrum auf dem Land zurück. Im Preis waren Verpflegung, Unterkunft und die Anweisungen eines Gurus enthalten. Wie an vielen ähnlichen Orten wurden auch hier die Gäste zur Sklavenarbeit zum Wohle des Gurus angehalten. Und wie überall hieß es, dies geschehe nur zu ihrem eigenen Wohle.

Als Jane merkte, daß ihr diese körperliche Arbeit nichts mehr brachte, erklärte sie dem Guru, daß sein Trainingsprogramm eines Masochisten würdig sei – nichts als ein tägliches Leiden.

«Du mußt die Lust überwinden», erwiderte er.

Da gab Jane ihm zur Antwort: «Wenn du meinst, man könne die Lust überwinden, ohne hindurchgegangen zu sein, dann befinden wir uns auf verschiedenen Wegen», und sie verließ das Zentrum.

DIE ERLEUCHTUNG DES KÜNSTLERS

Ein Künstler steckte in einer Krise und war nahezu unfähig, weitere Bilder zu malen. In seiner Not wandte er sich an Sam, einen Therapeuten, der auf der Grundlage des Zen arbeitete. Bei der Besprechung der künftigen Therapie meinte der Künstler zur Frage des Honorars, daß er nicht viel ausgeben könne, da sein Einkommen durch die durchlebte Krise rapide gesunken sei.

Das sei kein Problem, erklärte Sam, er verlange für seine Arbeit lediglich zwei Bilder. Das eine solle den Titel *Verzweiflung* tragen und vor Beginn der Therapie gemalt werden. Das andere sollte nach beendeter Therapie entstehen, wobei er die Wahl des Motivs dem Künstler überlasse.

Als dieser das erste Bild gemalt hatte, präsentierte er es Sam, welcher es nach kurzem Betrachten ins brennende Kaminfeuer warf. Ohne ein Wort zu sagen, ging der Künstler.

Einige Tage darauf erschien er wieder bei Sam – mit dem zweiten Bild.

EIN TEURER RAT

Omar und Giovanni planten ein gemeinsames Geschäft, bei dem für beide ein ansehnlicher Gewinn zu erwarten war. Doch schon bevor sie anfingen, ihren Plan in die Tat umzusetzen, packte Omar ein tiefsitzender Horror vor dem, was nach seiner Erfahrung Besitz bei den Menschen anrichtet. Ihm kamen Zweifel an dem Unternehmen, und er begann sich zu fragen: «Was zum Teufel werde ich tun, wenn unser Vorhaben mich reich macht? Ich bin nicht begierig auf die damit verbundenen Probleme.»

Giovanni schlug ihm folgendes vor: «Ich gab dir immer wieder Ratschläge, die du nie befolgt hast. Solltest du reich werden, wirst du meinen Rat teuer bezahlen. Damit kommst du zu interessanten Erfahrungen und wirst außerdem dein Geld los.»

«Hört sich gut an, gib mir doch ein Beispiel. Sagen wir mal, ich hätte hunderttausend Mark loszuwerden, wie soll ich mich dabei anstellen?»

«Du kennst doch den berühmten Guru, der so sehr auf schnelle Wagen steht? Also, du gehst hin und kaufst dir den Porsche, den ich mir gestern angeschaut habe. Anschließend fahren wir runter zum Ashram des Gurus, und wenn du von ihm empfangen wirst, überreichst du ihm die Wagenschlüssel mit den Worten: «Draußen steht dein neuer Sportwagen, wir hoffen, daß du daran deinen Spaß haben wirst.» Darauf verabschieden wir uns. Er wird uns keinesfalls einfach so gehen lassen und sicher eine Erklärung verlangen. Wir werden lediglich erwidern, daß wir ihm dieses Geschenk ohne jeden Hintergedanken machen wollten. Menschlich, wie er ist, wird er uns umgehend seine Dienste anbieten, und mit tiefsinnigem Blick wirst du nach einigem Zögern antworten: «Nun, könntest du uns zur nächsten Bushaltestelle bringen?»

WÄHLEN

Smitty beschrieb Omar folgendes Wahlverfahren: Für jeden Kandidaten gibt es je eine mit seinem Namen angeschriebene Urne für Ja- und für Neinstimmen. So erhält jeder Wähler die Möglichkeit, *für* die Kandidaten seiner Wahl und *gegen* die andern zu stimmen. Bei der Stimmenzählung werden dann die Stimmen für einen jeweiligen Kandidaten durch die vorhandenen Neinstimmen aufgehoben.

Dies, so Smitty, würde verhindern, daß ein Politiker von seinem Mandat überzeugt wäre, nur weil ihn ein paar Wähler für das kleinere Übel gehalten haben. Als er Omar nach seiner Meinung zu diesem Wahlverfahren fragte, meinte dieser nur: «Ich wähle nie, das ermuntert sie bloß in ihrem Tun.»

DAS RECHT ZU STERBEN

Ein potentieller Selbstmörder unterhielt sich mit Ho Chi Zen über die Frage, ob es einem erlaubt sei, den Freitod zu wählen. Ho antwortete: «Jeder hat das Recht, zu tun, was er will, und allen anderen ist es erlaubt, dies zu verhindern.»

Da fragte Hos Gegenüber weiter: «Betrachtest du den Freitod als eine moralisch zu bewertende Handlung?» Darauf bekam er zur Antwort: «Wo es kein Opfer gibt, da ist jede Handlung moralisch gesehen o.k. Doch persönlich bin ich der Ansicht, daß der Freitod ein Symptom dafür ist, daß jemand sich zu ernst nimmt.»

HINDERNISSE

Giovanni erklärte Omar, er sei an sich an Zen interessiert. Es gäbe für ihn aber zwei Hindernisse auf diesem Weg der Befreiung. Erstens hätte er das meiste, was er über Zen gelesen habe, nicht verstehen können. Zweitens glaube er nicht, die Kraft für all die Veränderungen aufbringen zu können, die nach seinem Gefühl eine ernsthafte Beschäftigung mit Zen erfordere.

Omar schlug ihm vor, erst mal Alan Watts' Bücher über Zen zu lesen und danach alles, was er vorher nicht verstanden habe, ein weiteres Mal. «Das ist das Mittel gegen das erste Hindernis», so Omar, «beim zweiten handelt es sich bloß um die Illusion eines Hindernisses.

Du solltest dein Handeln nicht einem idealen Maßstab unterwerfen. Dein Handeln spiegelt dich wider, denn im Zen bist du mit deinem Handeln eins.»

DER PRIESTER

Ein Schauspieler nahm einen Anhalter mit, der ihm im Verlaufe eines Gesprächs gestand, ein ehemaliger katholischer Priester zu sein. Seine gegenwärtige Lage schildernd, erklärte er: «Ich lebe mit einer Frau zusammen. Wir lieben uns sehr und wollen bald heiraten. Heute morgen besuchten uns zwei Abgeordnete der Kirche. Sie forderten mich auf, bei einer Anhörung in San Francisco zu erscheinen, wo mein Verhältnis zur Kirche geklärt werden solle. Auf meine Antwort, ich erfülle mit meinem Handeln nur Gottes Willen, reagierten sie mit Ablehnung.» «Glauben Sie mir?» fragte er den Schauspieler.

«Ja, ich glaube Ihnen», antwortete dieser. «Zu meiner Ausbildung gehörte auch das Studium des Zen. Dabei lernte ich, daß Gottes Handlungen oftmals irrational und zusammenhangslos erscheinen, wenn einem nicht bewußt ist, daß er vor unterschiedlichstem Publikum spielt.»

DIE ERLEUCHTUNG EINES SUCHENDEN

Ein ernsthafter junger Mann im Amerika um die Mitte unseres Jahrhunderts empfand die dortigen Konflikte als äußerst verwirrend. Auf der Suche nach einer Auflösung der Disharmonien, die ihn störten, bat er viele um Hilfe, doch keiner konnte ihm helfen.

Eines Nachts gab ihm ein Zen-Anhänger in einem Kaffeehaus folgenden Tip: «Geh jetzt in die verfallene Villa, deren Adresse ich dir auf diesen Zettel schreibe. Sprich mit keinem der Bewohner; schweige, bis sich der Mond morgen nacht zeigt. Begib dich in den großen Raum rechts vom Hauptflur. Setze dich dort im Lotussitz auf den Gerümpelhaufen in der nordöstlichen Ecke und meditiere, das Gesicht der Ecke zugewandt.»

Der junge Mann befolgte diese Anweisungen haargenau. Doch immer wieder störten ihn Zweifel in der Meditation. Ängstlich fragte er sich, ob die aus dem zweiten Stock herunterhängenden Installationen über ihm nicht bald mit Getöse herabfallen würden. Er war sich auch nicht sicher, wie er das Erscheinen des Mondes in der nächsten Nacht hier drinnen erkennen sollte. Und letztlich argwöhnte er, ob und wie die Leute von ihm sprachen, die er von Zeit zu Zeit den Raum durchschreiten hörte.

Vollends aus mit der Meditation war es dann, als sich, wie um ihn zu prüfen, ein Sturzbach von Fäkalien vom zweiten Stock her über ihn ergoß. Gleichzeitig betraten zwei der Villenbewohner den Raum, wobei der eine den anderen fragte: «Wer sitzt denn da in der Ecke?»

«Einige sagen, er sei ein Heiliger, andere, er sei nichts weiter als ein beschissener Dummkopf», antwortete der zweite.

Dies hörend, wurde der junge Mann erleuchtet.

HO CHI ZENS BEKENNTNIS

Nach dem Sinn des Zen befragt, meinte Ho: «Durch das Studium des Zen kann man lernen, andern Menschen zu helfen – oder, wenn das unmöglich sein sollte, sie sich wenigstens vom Hals zu halten.»

II
PERSÖNLICHE ARBEIT

PERSÖNLICHE ARBEIT

Die wichtigste Arbeit, die du je leisten kannst, ist die Arbeit an dir selbst. Jede Beschäftigung, der du dich hingibst, kann diesen Zweck erfüllen, ohne daß sie nun ein Leben lang ausgeübt werden muß. Da sich die meisten von uns dabei für eine einschätzbare Möglichkeit entscheiden, werden wir selten mit unseren Ängsten konfrontiert. So werden wir zu dem, was wir am wenigsten fürchten zu sein. Es gilt aber, seine Ängste begreifen zu lernen, damit wir mit unserer persönlichen Arbeit vorankommen.

ZEN-LEBEN

Ich habe mich immer richtig entschieden – ich wählte, entsprechend meiner Fähigkeit zu wählen, den richtigen Weg.

Ich befinde mich am richtigen Ort; es gibt keinen andern Ort, an dem ich leben könnte. Ein anderes Leben ist für mich nicht möglich, da es nicht zu mir passen würde. Zudem würde es nicht ein anderes bleiben, sondern zu meinem werden.

UNMITTELBARE ERLEUCHTUNG

Das plötzliche Gewahrwerden, das Erwachen des inneren Buddha, kann jeden Augenblick eintreten. Es kann durch ein Konzept, ein Wort, einen Vorfall, einen Zen-Koan, eine Meditation oder einen anderen Anlaß ausgelöst werden, der in seinem ganzen Ausmaß erfahren wird. Darin gleicht es dem über Nacht auftauchenden neuen Star im Showgeschäft, den alle erstaunt wahrnehmen, ohne sich bewußt zu sein, daß dieser Höhepunkt nur die Frucht jahrelanger harter Arbeit ist.

BRENNPUNKT

Irgendwann wirst du für das Fortbestehen deiner Existenz persönlich verantwortlich sein. Es gibt viele Formen der Ablenkung, die diese Wahrheit zu negieren scheinen. Doch um eine tiefere Lebenserfahrung zu erlangen, muß der Brennpunkt in dir als dem Zentrum der universellen Wahrnehmung liegen. Natürlich magst du beliebig viel Zeit äußeren Anlässen widmen, sofern sie nicht als Entschuldigung dafür dienen, andere statt deiner selbst zu verändern. Jedesmal wenn du das Gefühl hast, gegen dich zu arbeiten, solltest du dein Denken und Handeln überprüfen. Mußt du dabei deinem Gefühl recht geben, weißt du, du hältst dich selbst zum Narren.

WANDEL

Das Leben ist ein ständig sich wandelnder Prozeß. Der Widerstand gegen Wandel und persönliches Wachstum ist ziemlich lebensfeindlich, da er diesen Prozeß negiert. Auch hier ist der Versuch, andere statt sich selbst zu ändern, die Falle, die einen in der Illusion gefangenhält, immer das gleiche eindeutige Vorbild bleiben zu können. Dieses Verhalten beraubt dich all deiner Energie, da es dir persönlich nichts bringt. Warum also Energie daran verschwenden, andere zu verändern? Verwende sie doch dafür, dich an der Entfaltung deines eigenen Lebens zu erfreuen.

PRALAYAS WEISHEIT

Nach einer Vision, in der ihm eine Reise zur Wahrheit auf einem unerwarteten Weg offenbart wurde, geriet Pralaya auf seiner weiteren Suche in mehrere Sackgassen.

Auf die Frage, wie er dabei Entmutigungen vermieden habe, erwiderte er: «Beim Erlernen vom Yoga des Schuhebindens mit den Zähnen muß man in Kauf nehmen, daß man sich manchmal in den Fuß beißt.»

WER IST HIER VERANTWORTLICH?

Du bist der Schöpfer deiner Wirklichkeit. In ihr erhält alles, was um dich herum geschieht, genau dann Bedeutung, wenn deine Aufmerksamkeit darauf gerichtet ist. Obwohl der Mensch in seinem Leben vielen Konditionierungen ausgesetzt ist, schafft er es normalerweise, davon nur die anzunehmen und in sein Lebensprogramm zu integrieren, die ihm nutzen. Falls dich deine Wirklichkeit bedrückt, solltest du dein Lebensprogramm überprüfen, das den ‹Biocomputer› steuert, den du Verstand nennst. Dieses Programm kann jederzeit geändert werden, da du als Schöpfer deiner Wirklichkeit gleichzeitig auch der Programmierer deines Lebensprogrammes bist.

VERANTWORTUNG, HIER UND JETZT

Leben im Hier und Jetzt bedeutet, sich in Übereinstimmung mit seiner inneren Natur auf die Gegenwart zu konzentrieren, was nicht heißt, die Zukunft zu ignorieren. Es ist lediglich das Eingeständnis, daß wir über zukünftige Ereignisse nichts Sicheres wissen können.

Entgegen der landläufigen Ansicht, die diese Verhaltensweise als verantwortungslos betrachtet, bedeutet sie, ganz das anzunehmen, was man ist und tut, und zu akzeptieren, wo man ist.

Willkommen im Hier und Jetzt. Alles, was du bis heute erlebt hast, war nötig, um zu werden, was du bist. Solltest du den Eindruck haben, schon in einer besseren Position gewesen zu sein, dann höre auf, an der Vergangenheit zu hängen.

STANDORTBESTIMMUNG

Im Hier und Jetzt zu leben bedeutet nicht, am Gegenwärtigen festzuhalten. Sei dir bewußt, daß zu deiner Identität ein hohes Maß an Anpassungsfähigkeit gehört. Daran solltest du denken, wann immer du von dem Ort, an dem du lebst, zu stark eingenommen bist. Sobald du deine Einstellung zu diesem Ort drastisch veränderst, zeigt er sich von einer anderen Seite.

DIREKTHEIT

Du hast immer Wahlmöglichkeiten in der Art deines Verhaltens, auch wenn man dich das Gegenteil gelehrt hat. Der beste Weg zu deiner richtigen Wahl besteht darin, eine Liste aller Möglichkeiten aufzustellen, die du dir vorstellen kannst. Dabei darfst du nicht vergessen, daß nichts unmöglich ist. Teile die gefundenen Möglichkeiten dann in zwei Gruppen auf, in direktes und indirektes Verhalten, wobei die zweite Gruppe aus den Möglichkeiten besteht, bei denen du andere für dein Vorgehen brauchst. Die direkten Möglichkeiten erfordern nur dein eigenes Handeln. Kannst du dir keine solche Konstellation vorstellen, solltest du deine Situation nochmals überdenken.

VERHALTENSMUSTER

Eigentlich lernt jeder dasselbe. Aus karmischer Sicht erlebt jeder Mensch dasselbe. Jedes Individuum macht Erfahrungen, die ihm eine notwendige Lektion erteilen. Wenn jemand in einem Verhaltensmuster festgefahren ist, das ihm wenig Glück und Freude bereitet, wird dies so lange andauern, bis er daraus gelernt hat, was zu lernen war.

JERRYS RELIGION

Als Jerry sich auf ihre Diplomarbeit in Psychologie vorbereiten mußte, besuchte sie ein Institut, das früher nur Studenten mit einer bestimmten Religionszugehörigkeit zugänglich war. Die spätere Öffnung des Instituts für Studenten anderer Religion hatte zur Folge, daß sich die Studenten beim gegenseitigen Vorstellen oft fragten: «Welcher Religion gehörst du an?»

Jerry machte es sich zur Angewohnheit, auf diese Frage mit: «Zen-Baptistin», zu antworten. Manche verstanden dabei nur Baptistin, und Jerry kommunizierte mit ihnen auf dieser Ebene. Andere – und diese Menschen empfand Jerry als interessanter – hörten nur Zen. Nur einige wenige hörten, was Jerry wirklich sagte, und diese betrachtete sie als ebenbürtig.

PROBLEMLOSES HANDELN

Die Dinge liefen für Giovanni so gut, daß er es kaum glauben konnte. Er schien sein ganzes Phlegma losgeworden zu sein und nun auf eine Weise zu handeln, die er nicht ganz verstand. Um eine ‹Dies ist zu gut, um wahr zu sein›-Haltung zu vermeiden, fragte er Omar nach dem Sinn seiner neuen Einstellung zu weltlichen Dingen. Omar gab ihm zur Antwort: «Wenn du dein Handeln nicht mehr durchschauen kannst, dann handelst du deinem höchsten Niveau gemäß.»

ZAHLE, WENN DU GEHST

Du bist so frei, wie du willst. Jede freie Handlung entspringt deiner Entscheidung. Siehst du die Situation unter dem Blickwinkel persönlicher Konsequenzen, so kannst du den Einsatz bestimmen. Dies mag verlangen, daß du dem Eindruck, den die Welt von dir hat, nicht mehr entsprichst. Verändere dich so, daß du deine innere Persönlichkeit stärker widerspiegelst. Der Einsatz mag in diesem Falle im Abladen einer Last bestehen, die zu tragen dir zur Gewohnheit geworden ist.

Da du frei bist, bestimmst nur du den Einsatz. Und nur du hast für ihn geradezustehen. Versuchst du, andere dazu zu bringen, für deine Freiheit zu bezahlen, so wirst du diese einbüßen. Handle direkt. Suche das Leben unmittelbar zu erfahren. So zahlst du, wenn du gehst, und lebst in Freiheit.

Der Versuch, bei jeder Möglichkeit deine Freiheit zu leben, erlöst dich von der fixen Idee, andere kontrollieren zu müssen. So kannst du dich schließlich vom Zwang, dich selbst verändern zu müssen, befreien.

BOBS ERLEUCHTUNG

Nachdem Bob einige psychologische und metaphysische Veränderungen durchgemacht hatte, empfand er sich als ziemlich anders als die meisten, denen er begegnete. Dabei schienen ihm seine Bekannten hinsichtlich der Unterschiede zwischen ihnen und ihm voreingenommen zu sein. Das brachte ihn dazu, sich für so seltsam zu halten, daß nach seiner Einschätzung sogar Unbekannte etwas Fremdes in seiner Erscheinung wahrnehmen könnten. Um diesem Teufelskreis zu entfliehen, zog Bob in eine andere Stadt, wo niemand ihn kannte.

Auf der Suche nach Arbeit betrat er dort ein Vermittlungsbüro. Die Tür hatte sich noch nicht hinter ihm geschlossen, da zeigte ein Mann, der gerade im Gespräch mit dem Manager war, auf ihn und sagte: «Das ist er! Genau den brauchen wir. Fragen Sie ihn.»

Der Manager wandte sich Bob zu und fragte: «Kennen Sie sich in der Stadt aus?»

«Nein.»

«Schade, mein Kunde ist Privatdetektiv und sucht dringend jemanden, der Leute beschattet. Er wartet hier schon fast den ganzen Tag auf die geeignete Person, die so anonym wirkt, daß sie leicht in jeder Menschenmenge untergeht.»

FERTIGKEITEN UND TALENTE

Beherrsche deine Fertigkeiten und Talente, statt dich von ihnen lenken zu lassen. Richte deine Anstrengungen nach den Erfordernissen der jeweiligen Situation, statt diese deinen Fähigkeiten anzupassen.

SEHEN

Das normale Sehen wäre nicht möglich, wenn unsere Augen nicht das Licht absorbierten. Wenn sie es absorbiert haben, ist Licht nicht mehr in der bekannten Form erkennbar, was nicht bedeutet, daß es aufgehört hat zu existieren. In der veränderten Form dient es der Selbsterleuchtung.

ZEITENWANDEL

Du bist ein Wandlungsprozeß. Deine Körperzellen erneuern sich periodisch. Alte Konzepte werden durch neue ersetzt, wobei dein neues Wesen die Lebenserfahrung reflektiert. Fließe mit dem Wandel. Werde das neue Wesen. Es geht nicht darum, *den Menschen, der du mal warst,* glücklich zu machen.

RISIKEN EINGEHEN

Dich in eine Lage zu bringen, in der du nicht verlieren kannst, hat oft zur Folge, daß du auch nicht gewinnen kannst. Die meisten Menschen nehmen Risiken auf sich und geben so ihrem Leben Würze. Doch sollte das Risiko immer dem entsprechen, was auf dem Spiel steht, nie einem nur eventuellen Gewinn.

GUTE SCHWINGUNGEN

Angenehme Schwingungen wirken anziehend. Bekommst du in deinem Leben eine Menge schlechter Schwingungen ab, solltest du darauf achten, was du ausstrahlst. Denn was du ausstrahlst, das empfängst du auch.

PERSÖNLICHE ERFAHRUNG

Wissen bleibt oberflächlich, solange es nicht von persönlicher Erfahrung begleitet wird. Da oberflächliches Wissen ein unsicheres Fundament für eine Entwicklung des Lebens ist, betont Zen das Einswerden mit der Erfahrung. So zeigt Zen, daß der Lebensstandard wenig mit Lebensqualität zu tun hat.

LUKAS' SUCHE

Lukas, der ärmlichen Verhältnissen entstammte, strebte nach einer bürgerlichen Existenz. Durch seine Bildung und Lebenserfahrung verlor er zwar nicht seine Vorliebe für die Annehmlichkeiten des Lebens, doch realisierte er, wie wenig er das bürgerliche Wertsystem schätzte. Obwohl ihm klargeworden war, daß er das eine ohne das andere haben konnte, meinten viele seiner Bekannten, daß er immer noch beides anstrebte.

Um sich von dem zu befreien, was er die *bürgerliche Verseuchung* nannte, suchte er einen Guru, der ihm Zugang zu einem erweiterten Bewußtsein verschaffen könnte. Dabei bemerkte er schließlich, daß spirituelle Berater ihren Kunden oft zu überreden versuchen, die materiellen Güter aufzugeben. Sie tun dies aber bloß, weil sie den Suchenden nicht zu zeigen vermögen, wie man genießen kann, ohne davon abhängig zu werden. Diese Feststellung brachte Lukas zu der Erkenntnis, daß seine Suche nach Befreiung in ihm selbst beginnen müsse.

SUES WEG

Durch Meditation fand Sue eine innere Quelle der Kraft und Selbstbestimmung. Mit Hilfe dieser Quelle wandelte sie ihr Leben in eine Folge von glücklichen und erfolgreichen Ereignissen. Es gibt für sie keinen Widerspruch zwischen Regelmäßigkeit und freiem Geist mehr, und sie drückt das so aus: «Ich erlange Freiheit nur durch Organisation.»

DER KREIS DER WAHRHEIT

Ist einmal das Verständnis dafür erreicht, daß Nichtbeachten keine Garantie für – vermeintliche – Sicherheit ist, kann die Suche nach Wahrheit beginnen. Doch aufgepaßt, Wahrheit ist nicht etwas Festgelegtes. Wie alle anderen Aspekte einer umfassenderen Realität verläuft sie kreisförmig:

Ein Gedankengebäude taucht als Ketzerei aus dem umfassenden Nichts auf, wächst sich zur Wahrheit aus, verfällt dann zu Aberglauben und kehrt schließlich ins Nichts zurück.

INSTANT-KARMA

Karma wird die Kraft genannt, die durch die Handlungen eines Individuums ausgelöst wird. Es wirkt entsprechend dem Glaubenssystem der jeweiligen Person. In diesem Sinne ist alles Karma latent vorhanden, du brauchst bloß Glauben hinzuzufügen, um es wirksam werden zu lassen.

DOPPELTES LERNEN

Alles, was du über die Welt lernst, zeigt dir, wie dein Gehirn funktioniert, da es dir die Fähigkeit erschließt, dich auch in dem wahrzunehmen, was du als *Nicht-Ich* betrachtest. Ein gründliches Verständnis dieses Vorgangs gibt dir die Möglichkeit, die Welt zu verändern – indem du dich selbst veränderst.

INNERER RAUM

Beim Erkunden der «dunklen» Regionen deines Geistes können die Menschen deiner Umgebung dir helfen, indem sie ihr Verständnis wie Scheinwerfer darauf richten. In einigen Fällen wirst du erkennen, daß zwei Eigenschaften diese Menschen auszeichnen – einerseits Selbsterkenntnis, andererseits, daß nichts unmöglich ist.

DOPPELTER FEHLSCHLUSS

«Was bei mir wirkt, wirkt auch bei allen anderen», lautet der subjektive Fehlschluß. Der objektive heißt: «Wenn es mir half, kann ich jeden von seiner Wirkung überzeugen.»

KEIN GROSSES AUFHEBEN, KEINE REUE

Mache deine Erfahrungen ohne großes Aufheben, und du gelangst zur Bescheidenheit. Akzeptiere deine ‹negativen› Erfahrungen ohne Reue, und du erreichst Gelassenheit.

AUFMERKSAMKEIT

Deine Aufmerksamkeit ist ein Erkenntniswerkzeug, deine Energie wie Sonnenlicht, das du mit dem Brennglas deiner Aufmerksamkeit lenken kannst.

BÜRDE DER VERGANGENHEIT

Weisheit, aus Erfahrungen und angenehmen Erinnerungen gewonnen, ist der Schatz der Vergangenheit. Alles andere ist überflüssiges Gepäck, das das Reisevergnügen beeinträchtigt. Die Schmerzen, das Leid und die Probleme von gestern wären hier und jetzt keine Bürde, hättest du sie nicht aus der Vergangenheit mitgeschleppt.

MUSTERENTWURF

Virginia wurde von einer Krise nach der anderen geschüttelt, und alle waren von ihr selbst ausgelöst worden. Mit der Zeit wurde sie eine solche Meisterin darin, sich selber in den Hintern zu treten, daß sie nicht mehr davon lassen konnte, wie sehr es sie auch schmerzte. Erfüllt von Unglück und Elend, erklärte sie ihr schlechtes Karma jedem, der es nur hören wollte.

Ihre Mitarbeiter ermüdeten bald ob dieser bewußtseinsverengenden Gespräche. Darauf entwarf einer von ihnen ein Poster, das im Büro aufgehängt wurde, so daß Virginia es jedesmal sah, wenn sie wieder auf ihre Probleme zu sprechen kam. Darauf stand geschrieben: «Wenn immer du dich in einem Zustand befindest, der unglücklich macht, wirst du darin verbleiben, bis du die darin enthaltene Lektion kapiert hast.»

GEORGS LEHRE

Im Zen nimmt ein Gott oder Buddha keine zentrale Stellung ein, weil die Konzentration auf dem Einswerden mit der eigenen Erfahrung liegt. Alles, was zwischen einem Individuum und der Wahrnehmung seiner Verantwortung steht, ist ein Hindernis auf dem Weg zur Erleuchtung. Sogar ein Gebet kann zum Selbstbetrug werden. Oder, wie Georg es ausdrückt: «Kümmere dich nicht um Gott. Er hat seine eigenen Probleme – alles, was er erschafft, stirbt.»

MIT DEM TOD INS REINE KOMMEN

Wer immer dies jetzt liest, wird einmal sterben. Die allgemeine Todesrate bleibt hundertprozentig konstant. Obwohl die Natürlichkeit des Todes elementar ist, wird dieser von unserer Kultur mit Vorliebe als eine unerwartete fremde Einmischung betrachtet. Befreundest du dich aber mit dem Gedanken, daß du deinen Körper so lange hast, wie du ihn brauchst, wirst du ihn auch genießen können.

Erfreue dich an der Tatsache, daß er sich vollkommen in neue Kreisläufe auflöst. Sei dir bewußt, daß er so weise ist, zu wissen, daß er nicht für ewig gebraucht wird. Ja, mache dir diese Weisheit zu einem Leitmotiv deines Lebens.

LEBENSSPANNE

Die einzige Dimension des Lebens, über die du eine begrenzte Kontrolle ausübst, ist dessen Länge. Konzentrierst du dich auf die Verlängerung deines Lebens, lenkst du deine ganze Kraft auf seine Dauer. Sei dir jedoch bewußt, daß du damit täglich auch die Tiefe und Weite deiner Erfahrung festlegst, dein Leben.

VERRÜCKTHEIT

Verrückte werden verfolgt, weil es den meisten schwerfällt, sie zu lieben. Doch eigentlich verrückt ist doch das Gefühl, daß wir so lange nicht lieben können, bis wir die Zeit dazu haben. Denn solange wir nicht lieben, werden wir uns auch die Zeit dafür nicht nehmen.

DIE INSASSEN

Wenn du das erste Mal realisierst, daß du von Verrückten umgeben bist, mag dich das erschrecken. Allerdings könnte man in einer Gesellschaft aus ambulant behandelten Patienten das Irresein als einzigen Schutz betrachten. Der Planet Erde ist in diesem Sinne deine Heilanstalt. Nimm deshalb die Gelegenheit wahr, deine eigene Verrücktheit zu erforschen und zu genießen.

JOANNES ERLEUCHTUNG

Bei der Geburt ihrer Tochter schwor sich Joanne, ihr Kind nie zu belügen. Die kaum zu ermessende Geduld, welche die Beantwortung der ständigen, bohrenden Fragen eines aufgeweckten, intelligenten Kindes erfordert, war mehr, als Joanne sich damals vorgestellt hatte. Sie war sich auch nicht darüber im klaren gewesen, daß sie zur Erfüllung ihres Gelübdes aufhören müßte, sich selber zu belügen. Mit ihrem Festhalten an der Wahrheit machte sie so viele körperliche und gefühlsmäßige Veränderungen durch, daß sie auf den Weg der Erleuchtung kam.

DIE NAMEN VON HO CHI ZEN

Zu einer Gruppe von Studenten sagte Ho Chi Zen: «Ketzer, Scharlatan, Schuft, Trickkünstler – all diese Namen hat man mir gegeben, und ich trage sie alle zu Recht. Heute nacht bin ich hier, um euch auszutricksen. Ich werde jeden von euch in seinen besten Freund verzaubern.»

III ZEN IM SEX

SEX UND NIRWANA

Den Orgasmus kann man als ein Modell der Erleuchtung betrachten. Während er anhält, sind Erlebender und Erlebnis eins. Manche bestreiten die Möglichkeit, das Nirwana mit Hilfe von Sex zu erreichen, wie dies manche Leser tun, die behaupten, daß die Wirklichkeit einfach *ist,* und daher deren Erleben nicht angestrebt werden kann.

Doch durch die Ekstase der vollständigen sexuellen Vereinigung lösen sich Rollen, Bilder und Abstraktionen in der Einheit des Erlebnisses auf.

SEX UND MORAL

Ein unmoralischer Mensch vertuschte einst die Auswirkungen seines eigenen Verhaltens, indem er die Aufmerksamkeit auf das Sexualleben anderer richtete. Diese Ablenkung funktionierte so gut, daß einige Leute erst jetzt merken, daß Moral nur damit zu tun hat, wie man andere behandelt, und nichts mit sexuellem Verhalten.

BEN, ÜBER MENSCHLICHE SEXUALITÄT

Irgendwann wurde Ben von einem Schüler gefragt, wie man dem inneren Tier widerstehen könne. Bens Antwort darauf: «Was Widerstand erfährt, bleibt bestehen. Worauf richtest du deinen Widerstand?»

«Nun, du weißt schon, auf diese tierischen Leidenschaften.»

«Ah, du meinst Sex?»

«Ja.»

«Ironischerweise gibt es für die meisten Tiere – außer Delphinen und Menschen – nur eine beschränkte Zeit, in der sie sich paaren. Die ständige Bereitschaft zur sexuellen Erfüllung ist eine ungewöhnliche Eigenschaft, welche nur Arten mit großem Hirnvolumen und zugleich hoher Intelligenz auszeichnet. Was immer dieses Verlangen auch bedeutet, es ist keine ‹tierische› Leidenschaft. Deine Intelligenz dient dir eigentlich dazu, mit deiner Einzigartigkeit genießerisch umzugehen und sie zu schätzen, statt sie zu verleugnen.»

JUDS VISION

Jud gründete eine religiöse Gruppe auf der Grundlage sexueller Freiheit. Unter ihren Mitgliedern befanden sich einige, die auch psychedelische Substanzen konsumierten. Mit der Zeit reifte die Kombination von Sex und Drogen innerhalb der Gruppe zur religiösen Übung.

Obwohl später einige Abtrünnige dieses Ritual als Gotteslästerung darstellten, erklärte einer der Anhänger immer noch: «Es mag bessere Arten der Verehrung Gottes geben, als sich anzuturnen und zu vögeln. Ich bleibe jedoch bei dieser, solange ich keine bessere gefunden habe.»

Und auf die Frage, warum er diese Gruppe ins Leben gerufen habe, antwortete Jud: «Ein Engel erschien mir und teilte mir mit, ich würde der nächste große Prophet in dieser Welt sein. Auf meine Frage, warum gerade ich ausgewählt sei, gab er mir zur Antwort: ‹Weil du so verdammt leichtgläubig bist.›»

SEX NACH DER BEFREIUNG

In einer Diskussion über freies Sexualverhalten erklärte Jerry, Befreiung bedeute für sie das Ausüben von Sexualität zur Befriedigung sexueller Begierde. So gesehen könne sie es vermeiden, ausgenutzt zu werden oder einen anderen Menschen auszunutzen. Eine andere Frau wollte daraufhin wissen: «Was machst du, wenn dich in einer sexuell freien Umgebung jemand beschuldigt, du seist sexuell unfrei, nur weil du nicht mit ihm oder ihr schlafen willst?»

«Dieser Person würde ich antworten, daß ich soweit sexuell emanzipiert bin, es mit jedem zu machen, der mich erregt, wenn ich geil bin. Ist niemand nach meinem Geschmack in der Nähe, dann bin ich so frei zu onanieren.»

KEUSCHHEIT UND ANDERE PERVERSIONEN

Ho Chi Zen wies einmal darauf hin, daß das Akzeptieren seiner selbst ein erster Schritt des Menschen zur Befreiung sei, wobei er Wert auf das Akzeptieren sexueller Freizügigkeit legte: Tun, was man tun will, mit denjenigen, die gewillt sind, es mit einem zu tun. Wie nicht anders zu erwarten, fragte ihn ein Schüler, warum das Zölibat der Einstieg zur Erleuchtung sei.

Ho erklärte, daß dies womöglich in der Zeit vor der Pille habe vorausgesetzt werden müssen, da man nur so seine Zeit statt für die Erziehung der Kinder für die eigene Entwicklung habe nutzen können. Aus diesem Grund habe man sich in vielen Fällen auch erst auf den Weg zur Selbstbefreiung gemacht, nachdem die Erziehung der Kinder abgeschlossen war. «Was mich betrifft», sagte Ho abschließend, «so stimme ich Anatole France zu, der meinte, daß von allen Perversionen Keuschheit die seltsamste sei.»

WIE, WENN ALLE ES TÄTEN?

Im Zuge der Befreiung ihres Geistes begann Joanne, ihre sexuelle Freiheit wahrzunehmen und ihre sexuelle Identität auszuloten. Auf den Einwand einer Freundin: «Das kannst du doch nicht tun! Wie, wenn alle so handelten?» antwortete Joanne: «Das würde mich nur freuen.»

EINE KUR GEGEN PARANOIA

Rahel und Ed trafen sich während einer Selbsthilfeveranstaltung. Sie mochten beide die Art, wie sie aufeinander eingehen konnten. Bald gingen sie zusammen aus und anschließend zu Rahel, wo sie einen Joint rauchten.

Als Rahel ihn nach seiner Herkunft fragte, beschrieb Ed sein früheres Leben, das er irgendwann aufgegeben hatte. Dabei erkannte er zum erstenmal, wie förmlich und wie arm an Substanz das gewesen war. Als es ihm so plötzlich als Horrorvision vor Augen stand, erlitt er seinen ersten Anfall von Paranoia.

Rahel, die bemerkte, was mit ihm los war, legte ihren Arm um ihn, zog ihn sanft zu sich heran und tröstete ihn mit den Worten: «Das war Vergangenheit, und dies ist Gegenwart. Woher du kommst ist nicht, wo du bist.»

Die Nähe Rahels holte Ed aus seinem Alptraum in die Gegenwart zurück. Er spürte ihre gefühlvolle Offenheit und fragte: «Wollen wir uns lieben?»

Ihre Antwort: «Natürlich, ich flirte nicht nur.»

Damit verfiel Ed nie wieder der Paranoia.

JENNYS BEFREIENDES HANDELN

Unter Jennys Liebhabern befand sich ein Mann, dem sein eigener Chauvinismus nicht bewußt war. Um lächerlichen Komplikationen zu entgehen, machte Jenny gleich zu Beginn klar: «Ich kann die Verantwortung für mein sexuelles Leben übernehmen. So schlafe ich mit jedem, der mir gefällt.» Da dieser Liebhaber aber den tieferen Sinn ihrer Freiheit nicht erkennen konnte, fragte er: «Aber wie, wenn ich dem eine monogame Beziehung vorziehen würde?» – «Dann würde ich dir raten, diese mit deiner Frau zu haben. Ist es etwa nicht das, wonach sie sich sehnt?»

ALBERTOS EINSICHT

Da Alberto nie gelernt hatte, Selbstvertrauen zu entwickeln, bestand sein ganzer Stolz nur aus dem, was ihn seit seiner Geburt umgab: Religion, kulturelles Erbe, Hautfarbe und so weiter. Aus diesem Grund suchte er auch Erfüllung im Kopieren der Männerrolle, welche in seiner sozialen Schicht bevorzugt gelebt wurde. Statt zu einer eigenständigen Person wurde er zur Schablone.

Als diese Imitation des Lebens für ihn nicht mehr erträglich war, begann er nach einer erfüllenderen Lebensweise zu suchen. Eine Zeitlang vertiefte er sich in die Lehren Gurdjieffs, verfehlte nur knapp die Aufnahme in die Scientology-Kirche und langte schließlich beim Zen an.

Eine seiner weiblichen Bekannten bemerkte, daß in ihm eine Veränderung vorgegangen war, und wollte wissen, was geschehen sei. Darauf erklärte er, er habe endlich gelernt, daß Machismo soviel bedeute wie Unsicherheit im Handeln.

BENS ROMANTIZISMUS

Da er in einem von Logik und Popmusik geprägten Haushalt aufgewachsen war, wurde aus Ben ein rationaler Romantiker. Auch seine Begeisterung für Zen konnte seine Ansichten nicht ändern, doch sie wurden dadurch erweitert. Als Jane von ihm wissen wollte, wie er zu Sex stehe, sagte er: «Ich betrachte jede sexuelle Beziehung als die Möglichkeit zu einer tiefen und schönen Freundschaft. Bleibt sie hinter dieser Vorstellung zurück, akzeptiere ich dies, mag es jedoch nicht besonders.»

Jane gefiel dieser Standpunkt, sie meinte jedoch, daß viele ihrer Freunde und Freundinnen von der Monogamie geradezu besessen seien.

«Oh», erwiderte Ben, «ich finde Monogamie wundervoll, solange sie spontan bleibt.»

HO CHI ZEN UND DIE DRACHENDAME

Ho Chi Zen war darüber verzweifelt, daß er keine Partnerin finden konnte, deren Begeisterung für die *Zehntausend Kaiserlichen Liebesstellungen* so groß wie seine war. Gerade als er seine Suche enttäuscht aufgeben wollte, trat eine neue Frau in sein Leben, und beide entdeckten, daß sie erstaunlich gut zueinander paßten.

Nach den ersten fünf Tagen und Nächten unablässiger erotischer Aktivität gestand er ihr: «Du bist genauso, wie ich es mir immer gewünscht habe, eine Drachendame, die an meiner Seite kämpft.»

Darauf entgegnete sie: «Aber wir haben bis jetzt nichts erobert.»

«Nur weiter so», schrie da Ho, «vielleicht werden wir das auch nie tun!»

IV
DIE REALITÄT DER ILLUSION

REALITÄT

In einer Diskussion vertrat Bert die Meinung, daß Realität auf verschiedene Arten beschrieben werden könne, daß die Beschreibung, die jemand akzeptiere aber immer von dessen Erfahrungen abhänge. Omar ging sogar noch weiter, indem er eine objektive Realität als die Phantasie einer Mehrheit und eine subjektive Realität als eine persönliche Phantasie beschrieb.

Mal beschloß die Diskussion mit der Äußerung: «Realität ist der ursprüngliche Rorschachtest.»

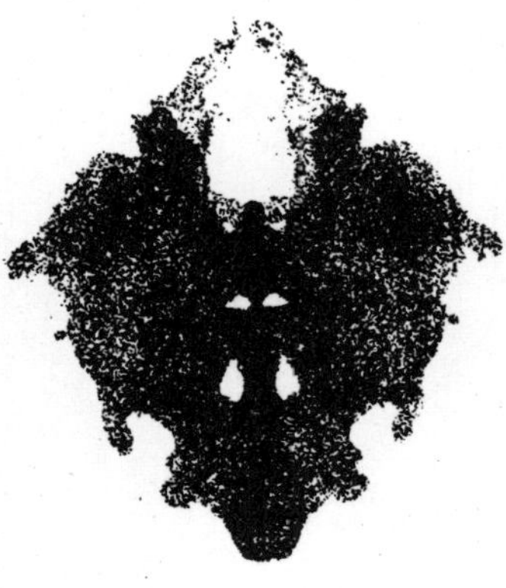

GUTE NACHRICHTEN – SCHLECHTE NACHRICHTEN

Heute abend gibt es gute und schlechte Nachrichten. Zuerst die schlechten: Es gibt keine guten Nachrichten.

Nun die guten: Du brauchst dir die schlechten Nachrichten nicht anzuhören.

ILLUSION UND REALITÄT

Aufgrund seiner Erfahrungen mit Gurus und deren Systemen sprechend, erklärte Mal: «Jedes System, das dich auf die Erleuchtung vorbereitet, vermittelt dir durch Beschreibungen – oder besser Nichtbeschreibungen – die Illusion der Erleuchtung. Geschieht dies auf gekonnte Weise, wird vielleicht niemand in der Lage sein, den Unterschied zwischen Illusion und Wirklichkeit zu erkennen.»

Da entgegnete Lukas: «Vielleicht gibt es diesen Unterschied nicht.»

ZEN-SINN

In gewissem Sinne kann alles wahr, falsch oder bedeutungslos sein. Dies ist eine brauchbare Maxime, um auch in der schwierigsten Lage entspannt zu bleiben. Wenn dich zum Beispiel jemand verleumdet, solltest du dich nicht aufgeregt fragen, ob dich diese Lügen nun in einem positiven oder negativen Licht erscheinen lassen. Wahr sind sie in dem Sinne, daß sie jemandes Ansicht von dir darstellen. Man könnte dies eine persönliche Wahrheit nennen. Falsch sind solche Ansichten, weil sie nicht *deine* persönliche Wahrheit wiedergeben. Bedeutungslos sind sie, weil sie dich nicht verändern. Deine Identität besteht unabhängig von der Meinung anderer über dich.

IDENTITÄTSRISIKO

Hinter den Masken und Rollen der Alltagsrealität steckt ein unverfälschtes, lebendiges Wesen.

Sprich dich aus. Verlange, was du willst – sei dir jedoch der Tatsache bewußt, daß damit zwei Risiken verbunden sind.

Erstes Risiko: Deine Fragen zeigen dir *und* anderen, wer du bist und wo du dich befindest. Dies ist jedoch unerläßlich, wenn du deine eigentliche Identität kennenlernen willst.

Zweites Risiko: Dein Wunsch könnte erfüllt werden.

DIE UHR

Das Erbstück von Großvater, eine Standuhr, hatte Omar gut sichtbar auf dem Bücherregal plaziert, obwohl sie nicht mehr genau ging. Sie machte ihm trotzdem Freude, und es störte ihn überhaupt nicht, wenn sie mal stehenblieb. Durch ihr ungenaues Funktionieren gab sie Anlaß zu manchen Gesprächen.

Eines Tages erzählte Omar Giovanni, daß er die Uhr endlich reparieren lassen wolle, aber nicht etwa, weil ihm etwas daran läge, daß sie genau gehe, sondern weil er die ewigen Gespräche über ihr unregelmäßiges Funktionieren satt habe. Da stand Giovanni auf, ging zur Uhr, entfernte die beiden Zeiger und schrieb quer über das Zifferblatt: JETZT.

ZEIT

Vergangenheit ist Erinnerung und Zukunft nicht mehr als Ahnung. Wo sie sich treffen, da entsteht Gegenwart, der einzige Ort, an dem du lebst. Du wohnst also im ewigen Jetzt.

OFFENE GEHEIMNISSE

Jedes Geheimnis ist ein offenes. Nichts bleibt verborgen, nichts wird enthüllt. Den Menschen kann man nur erzählen, was sie schon wissen. Obwohl alle wissen, sind sie sich möglicherweise ihres Wissens nicht bewußt.

EINBILDUNGSKRAFT

Wie die Logik ist auch die Einbildungskraft ein wertvolles, aber begrenztes Hilfsmittel. Wieviel davon du auch immer hast, du solltest nie vergessen, daß das Leben viel einfacher sein kann.

URSACHE UND WIRKUNG

Es fällt einem leicht, einen Vorfall, der einem anderen vorausgeht, als die Ursache des letzteren zu bezeichnen. Obwohl man solche Annahmen kaum widerlegen kann, ist das noch kein Beweis für ihre Gültigkeit. Oft wird so ein Ursache-Wirkung-Paar als Ausdruck ‹gesunden› Menschenverstandes betrachtet – und gerade in solchen Fällen ist es eher Ausdruck blanken, sich in einer schlechten Gewohnheit äußernden Unsinns.

GLAUBE UND SCHÖPFUNG

Heute hörte ich zum erstenmal von etwas Neuem, genannt *das Mehr*. Ich glaube jetzt an *das Mehr*. Wenn wir nur daran glauben und gleichzeitig eine annehmbare Definition dafür finden können, dann werden wir eine Menge Umstände entdecken, die die Existenz dieser *Mehrs* beweisen. Ist nur der Glaube stark genug, so werden wir viele *Mehrs* entdecken. Doch – brauchen wir sie wirklich?

WISSENSCHAFT UND MAGIE

Meistens sind Wissenschaft und Magie nichts anderes als verschiedene Kartographierungen desselben Gebiets. Dem Weg des geringsten Widerstands folgend, verwirft die Wissenschaft den schwer begehbaren Weg der Magie. Während Magie mit Mythen arbeitet, hält sich die Wissenschaft an eine zweifelhafte Terminologie. Doch unter dem Blickwinkel der Semantik tun beide dasselbe. Da sind beide der Ausdruck von: *Ein Unbekanntes wirkt auf eine Weise, die wir nicht kennen.* Und in beiden Weltanschauungen ist jedes Gesetz eine Variante von: *Es ist wieder geschehen.*

KENS WAHRHEIT

Ken besaß die Gabe, mittels körperlicher Berührung auf die Gefühle anderer Menschen einwirken zu können. Sobald er jemanden anfaßte, fühlte er diese Erfahrung bestätigt, ob er wollte oder nicht. Da ihm dies oft unangenehme Erlebnisse brachte, wurde er zu einem schweren Alkoholiker, und als ihm dies nicht weiterhalf, begann er sich mit Tranquilizern und später mit Heroin zu betäuben. Dabei nahm er diese Selbstzerstörung eigentlich nur auf sich, um nicht sein Leben leben zu müssen.

Nach einigen Jahren der Heroinabhängigkeit machte er eine Entziehungskur. In deren Folge fing er an, seinen eigenen Weg zu gehen. Wie er es ausdrückt: «Ich mußte lernen, mich nur mit Menschen zu befassen, bei deren Berührung ich mich wohl fühle.»

EINE MYSTISCHE ERFAHRUNG

Zu Beginn einer Narkose für eine Operation, gerade als Mary ihr Bewußtsein zu verlieren begann, erhaschte sie einen kurzen, erleuchtenden Einblick in die Wesensnatur der Dinge. Mit großer Anstrengung versuchte sie durch ein paar laute Worte ihrer Klarsicht Ausdruck zu verleihen. Dann versank sie im Tiefschlaf.

Als Mary wieder aus der Narkose erwachte, konnte sie sich weder an die genauen Worte, noch an deren tiefen Sinn erinnern. So fragte sie einen Arzt: «Habe ich etwas gesagt, bevor ich ohnmächtig wurde?»

«Allerdings haben Sie das», erwiderte dieser.

«Was denn?»

«Nun, Sie haben nur so dahergemurmelt. Es war nichts Zusammenhängendes, so daß sich keiner von uns Ärzten einen Reim darauf machen konnte.»

DIE INNERE WAHRHEIT

Du enthältst Myriaden von Welten und ein ausgedehntes Wissen. Jede deiner Zellen hat die Fähigkeit, sich zu regenerieren und zu verändern. Obgleich viele der Prozesse, die in dir ablaufen, von dir nicht bewußt kontrolliert werden, bedeutet das nicht, daß sie nicht Teil von dir sind.

Dein normales Bewußtsein ist eben nur ein kleiner Teil deines Wesens. Es ist lediglich die augenblicklich in dir vorherrschende Überzeugung, gewonnen aus deiner unmittelbaren Erfahrung. Falls du dich mit diesen Überzeugungen identifizierst, schränkst du nur die Möglichkeit deiner Realität ein.

DAS RÄTSEL LÖSEN

Soweit das Leben ein Geheimnis ist, liegt dessen Lösung in deinem Geist. Sie mag nicht immer leicht zu finden sein, doch sie liegt dort verborgen, vermummt in Symbole und Mythen.

Der Atlas-Mythos zeigt, daß jeder von uns die Welt auf seinen Schultern trägt. Das bedeutet, daß die Welt, wie du sie wahrnimmst, in deinem Hirn geschaffen worden ist. Das zu wissen, kann der erste Schritt zur Erkenntnis sein, daß die Welt keineswegs eine Last, sondern ein Teil von dir ist.

FREIHEIT UND GESETZ

Alle Gesetze, die nichts weiter als moralische Verbote sind, geben der Angst irgendeiner gesellschaftlichen Gruppierung Ausdruck. Sie beschneiden zwar nicht deine Freiheit, doch gemahnen sie dich zur Vorsicht bei deren Wahrnehmung. Die große Herausforderung in unserer Kultur ist es, frei zu sein, ohne das Opfer irgendwelcher Ängste anderer zu werden.

VERRÜCKTHEIT

Ein Verrückter genannt zu werden ist ein Kompliment für jeden, der sich andere Positionen ausgesucht hat, als sie von den selbsternannt ‹rationalen› Menschen eingenommen werden. Wenn es also schon nicht für *alle* Verrücktheit geben kann, dann sollte es zumindest Gleichheit für alle Verrückten geben. Für diejenigen, die man beschuldigt, im Grenzbereich der Verrücktheit zu leben, wird alles möglich. Denn erst an der äußersten Grenze, jenseits aller Verrücktheit, offenbart sich das kosmische Mysterium.

INFLATION

Zu Zeiten der Inflation mögen zwar die Lebenskosten zu steigen scheinen, doch der Preis des Lebens bleibt immer gleich – es ist der Tod. Ein zu hoher Preis für jene, die das nicht begreifen wollen. Im Gegensatz zu anderem ist er jedoch nur einmal zu entrichten und nie zum voraus.

KUNST UND KÜNSTLER

Jeder Mensch ist ein Künstler, das jeweilige Kunstwerk sein Leben. Oft haben Künstler Schwierigkeiten zu erkennen, ob eines ihrer Werke vollendet ist. Wer jedoch erkannt hat, daß das Leben sein persönliches Kunstwerk ist, für den entfällt dieses Problem. Der Tod sagt ihm, wann er es geschafft hat.

Dies ist die Art der Natur zu sagen: «Das wär's, du hast dein Werk vollendet. Entspanne dich jetzt.»

V
MEDITATIONEN UND ÜBUNGEN

ATEMMEDITATION

Die Grundlage jeder Atemmeditation ist eine aufrechte Wirbelsäule. Dabei spielt es keine Rolle, ob du auf einem Stuhl oder einem Kissen auf dem Boden sitzt. Nachdem du dich gesetzt hast, kannst du deine Augen schließen. Wiege deinen Körper hin und her, bis du dich zentriert fühlst. Bewege deinen Oberkörper dabei in immer kleiner werdenden Kreisen, bis du ihn mit der Wirbelsäule in einer Linie vereint empfindest, die durch das Erdzentrum führt. Bewege jetzt dein Kinn nach hinten (nicht rauf oder runter), bis deine Ohren sich auf einer Linie mit den Schultern befinden.

In dieser Stellung, die Augen immer noch geschlossen, beginnst du nun deine Aufmerksamkeit auf die Atmung zu konzentrieren. Achte darauf, wie die Luft durch deine Nase, hinunter durch die Kehle und in die Lungen strömt. Nimm wahr, wie sich deine Brust weitet und die Muskeln unter dem Brustkorb sich dehnen. Beachte den Augenblick der Stille und des Gleichgewichts, wenn das Einatmen zum Ausatmen wird. Nimm dann das Zurückfließen der Atemluft aus der Lunge, der Kehle und der Nase wahr und fühle dabei die Brust zusammenfallen und die Muskeln unterhalb des Brustkorbs sich zusammenziehen. Gib wiederum acht auf das stille Gleichgewicht vor der Umwandlung des Einatmens ins Ausatmen. Diese totale Ruhe an den beiden Polen des Atmungskreislaufes bist du.

Um deinen Geist auf das Atmen konzentriert halten zu können, mußt du alle Gedanken, die auftauchen, wieder wegfließen lassen, so wie du den Atem wegfließen läßt. Zähle jeweils beim Einatmen und visualisiere dabei die Zahlen, wenn dir das hilft, die Aufmerksamkeit auf das Atmen gerichtet zu halten. Dabei solltest du jeweils bis zehn zählen und wieder von vorne beginnen. Ist deine Aufmerksamkeit mal abgeschweift, dann läßt du sie einfach wieder auf das Atmen zurückkehren. Weißt du nicht mehr, wo du beim Zählen stehst, beginnst du damit ohne Aufregung wieder von vorne.

Diese Meditation lehrt dich Konzentration und Stillhalten. Sie kann jederzeit während des Tages für eine Dauer von zwanzig bis dreißig Minuten ausgeübt werden, wobei einmal täglich genügt. Nach einigen Wochen der Atemmeditation solltest du genug darüber wissen, um entscheiden zu können, ob du damit fortfahren willst oder nicht.

BEWEGUNGSMEDITATION

Für die Bewegungsmeditation brauchst du einen ruhigen Ort, der dir die Möglichkeit bietet, dich frei zu bewegen. Du bereitest dich vor, indem du stillsitzt, bis du deine Ruhe gefunden hast. Ist dies erreicht, kannst du dich erheben und langsam auf das Zentrum des Raumes oder Platzes zugehen, in beziehungsweise auf dem du dich befindest.

Im Zentrum bleibst du eine Zeitlang stehen und läßt die Anspannung sich in Muskelbewegungen auflösen. Dabei gilt es nicht, den Muskeln die Entspannung zu befehlen, sondern es geht vielmehr darum, ihnen den dazu erforderlichen Spielraum zu geben, wie man den Körper, im Bett liegend, vor dem Einschlafen lockert, oder wie man in einem Sessel die bequemste Haltung sucht.

Du solltest auch während dieser Meditation den Gedankenfluß weder unterbrechen noch fördern. Es geht ja darum, daß sich die Spannung in allen Körperteilen auflösen kann. Dabei ist das Gehirn keine Ausnahme. Laß deinen Körper während des Entspannens jede Haltung einnehmen, die er wünscht. Wie immer du dich bewegst, ob du gehst, dich drehst und so weiter, spielt keine Rolle, solange nicht die Auflösung der Spannung verhindert wird.

Löse dich wieder von der bewußten Kontrolle über die Muskeln, und laß den Körper die bequemste Haltung einnehmen. Auch den Stimmbändern solltest du erlauben, sich zu entspannen, indem du beliebige spannungsvermindernde Töne von dir gibst. Von Zeit zu Zeit läßt du deinen Kopf kreisen, um die Halsmuskeln zu lockern.

Während der Meditation kannst du jede Bewegung so lange wiederholen, wie sie eine Entspannungsreaktion der Muskeln erzeugt. Je nach Gefühl wechselst du dabei das Stehen und Gehen mit Sitzen und Liegen ab. Achte immer darauf, daß die Bewegungen spontan bleiben.

Meditierst du zweimal pro Woche jeweils zwanzig bis

dreißig Minuten auf diese Art, wird sich die Muskelanspannung derart vermindern, daß du dich wohler fühlst. Auch in Streßsituationen ist diese Meditation zur Linderung von geistigem und körperlichem Unbehagen geeignet.

Der Nutzen der Bewegungsmeditation liegt in einer verstärkten Körperwahrnehmung. In manchen Fällen hat sie auch eine größere Akzeptanz der körpereigenen Strukturen durch den Geist zur Folge. Wer damit fortfährt, wird bemerken, daß sich der eigene Eindruck von dieser Übung immer wieder verändert. Jeder sollte daher selbst entscheiden, wie lange er auf diese Weise meditieren möchte.

GEHEN ALS MEDITATION

Wann und wo immer du gehst, kannst du auf die Bewegungen deines Körpers achten. Erlebe dabei am Bewegungsablauf, wie sich die Balance ändert. Richte deine Aufmerksamkeit auf das Gefühl, das beim Gehen entsteht, und auf die Sinneseindrücke, die für das Weitergehen erforderlich sind.

Je stärker du mit deinem Gehen in Einklang kommst, desto vertrauter wird für dich der Rhythmus zwischen deinem Atem und deinen Schritten. Das Dehnen und Zusammenziehen der Muskeln kann dabei als eine Bewegung im *Kosmischen Tanz* erfahren werden, während die Wahrnehmung alles wie ein sich wiederholendes musikalisches Thema durchzieht.

Betrachte jeden Spaziergang als einen Prozeß statt als das bloße Zurücklegen einer Distanz zwischen zwei Orten. Wendet sich deine Aufmerksamkeit davon ab, so lenke sie wieder zurück auf die Körperbewegungen, den Balancewechsel, den Punkt, wo das Einatmen zum Ausatmen wird.

Einswerden mit der Erfahrung des Gehens verschafft bei jedem Schritt mehr Befriedigung. Selbst nach hundert Kilometern ist jeder Schritt noch wie der erste.

TRANSZENDENTALE MEDITATION

Die Techniken der transzendentalen Meditation sind betörend einfach. Zweimal täglich, mit leerem Magen, wiederholt der Meditierende lautlos während fünfzehn bis zwanzig Minuten die immer gleichen Silben, die Mantras genannt werden. Er sollte sich dabei an einem ruhigen, störungsfreien Ort befinden. Von Vorteil ist es, sich dabei nackt, keinesfalls aber in beengender Kleidung mit aufgerichteter Wirbelsäule bequem hinzusetzen.

Bist du bereit, während zweier Wochen etwa zehn Stunden dafür aufzuwenden, wirst du entdecken, was dir die transzendentale Meditation bringen kann.

Zu Beginn solltest du dir ein Mantra auswählen. Da du es in Gedanken wiederholen wirst, sollte es auch deinem Denken entsprechen. Es sollte keine Assoziationskette von Gedanken hervorrufen, da du es ja gebrauchst, um das Denken zu beruhigen. Dabei steht es dir frei, jedes mögliche Wort zu verwenden, das dir in den Sinn kommt, solange es dazu dient, Gelassenheit hervorzurufen. Wenn du willst, kannst du dir ein Mantra unter den folgenden aussuchen:

DER GEIST STRÖMT AUS DER QUELLE
HA LA PU LA PLAIN
TEEBLÄTTER
HOHLER BAMBUS
OM MANI PADME HUM
ALPHA
DAS JUWEL IST IM LOTOS
MANTRA
EMO LIETO LITO ZONIA
WEISSE WOLKEN, BLAUER HIMMEL

Etwa zwei Wochen sind nötig, bis sich die Resultate zeigen. Einige allgemeine Effekte sind gesteigerte Leistungsfähigkeit, eine leichte Verringerung des Schlafbedürfnisses, mehr Selbstvertrauen, vermehrte Umsicht in komplizierten Situationen und eine verstärkte Wahrnehmung. Die subjektive Reaktion auf eine bestimmte Meditationsperiode ist nicht immer ein verläßlicher Gradmesser für den Wert, den diese für den Meditierenden hat. Sollte dir das Meditieren nach zwei Wochen nichts gebracht haben, kannst du damit aufhören. Möglicherweise ist es nicht die richtige Zeit für dich zu meditieren.

Frühmorgens nach dem Erwachen und am Abend vor der letzten Mahlzeit sind die besten Zeiten für das Meditieren mit Mantras. Mit leerem Magen und ohne unter dem Einfluß stimulierender Drogen zu stehen, wiederholst du in Gedanken dein Mantra, wieder und wieder in dem von dir gewählten Rhythmus. Jedesmal, wenn deine Gedanken davon abgeirrt sind, kommst du wieder darauf zurück.

Es gibt keinen Grund, das Denken ausschalten zu wollen. Deine Gedanken drücken nur aus, wie sich dein Gehirn fühlt. In einer gewissen Weise trainiert es sich selbst, und seine Gedanken besitzen nicht mehr Realität, als du ihnen zugestehst. Denke nicht über sie nach. Es genügt, wenn du sie kurz wahrnimmst und dann gehen läßt. Wenn du etwa denkst: «Was werde ich zum Frühstück essen?», reagierst du auf diese Frage mit der Feststellung: «Ich frühstücke jetzt nicht, jetzt wiederhole ich mein Mantra.» Damit vertiefst du dich wieder in deine Meditation, bis sie zu Ende ist.

Lege deine Uhr so hin, daß du sie sehen kannst. Obwohl während der transzendentalen Meditation deine Augen geschlossen sein sollten, kannst du hin und wieder einen Blick auf die Uhr werfen. Nach einiger Zeit wirst du auch ohne diese Hilfe wissen, wann die Zeit vorüber ist. Ist es soweit, erhebst du dich langsam, wie beim Erwachen aus tiefem Schlaf.

Du mußt wissen, daß alles, was während der Meditation geschieht, nur normal ist. Hat sich das Geschwätz deiner

Gedanken einmal beruhigt, bist du jenseits des Alltagsbewußtseins angelangt und erfährst einen traumähnlichen Zustand. Akzeptiere das einfach so, ebenso die Wirkung, die es auf dich hat.

Fühlst du dich nach der Meditation müde, dann ruhe dich aus, bis es Zeit ist, etwas anderes zu tun. Oft befindest du dich in einem Zustand, ähnlich dem zwischen Wachsein und Schlaf. Dies ist ein angenehmer Ort, wenn er als solcher erkannt wird.

Du kannst allein oder in einer Gruppe meditieren. Die Verstärkung der positiven Erfahrung durch andere kann dir helfen, die Meditation zur Gewohnheit werden zu lassen. Laß dich nicht dazu verleiten, in anderen Schuldgefühle entstehen zu lassen, wenn sie dich während der Meditation stören sollten. Du kannst jederzeit zu deinem Mantra zurückkehren, wenn die Störung vorbei ist. Ist es tagsüber in deiner Wohnung selten ruhig, dann versuche früher aufzustehen und zu meditieren oder spätabends, vor dem Schlafengehen.

Die Vorteile der transzendentalen Meditation sind von Wissenschaftlern, Philosophen und religiösen Führern dargelegt worden, doch nur deine eigene Erfahrung kann für dich ein Maßstab sein. Wende also während der nächsten zwei Wochen zehn Stunden für dich selbst auf und schau, welchen Gewinn du daraus erzielst.

TÄGLICHE ÜBUNG

Lebe jeden Tag voll aus. Halte deine Aufmerksamkeit auf das gerichtet, was du tust und was es bedeutet. Lebe ganz in dem Tag, den du erlebst, und werde eins mit dieser Erfahrung. Solltest du dich in Gedanken an die Zukunft oder Vergangenheit verlieren, so kehre zurück ins Heute. Erlebe nur den heutigen Tag.

SEINSÜBUNG

Die Intensität deiner Erfahrung unterliegt deiner Kontrolle. Die offensichtliche Begrenzung deines Ziels, deiner Partnerschaften und deines Tuns entspricht weitgehend deiner eigenen Wahl. Diese ist beeinflußt von deiner Herkunft, deiner Umgebung und Erfahrung. Die Seinsübung soll dir helfen, mehr über deine Kultur, über die verschiedenen Subkulturen, aus denen sie sich zusammensetzt, und über andere Kulturen zu erfahren.

Suche dir ein kulturelles Gebiet aus, das du näher erkunden willst. Benutze alle dir zur Verfügung stehenden Quellen, um die notwendigen Informationen, die du bei diesem Abenteuer brauchst, zu sammeln. Dann, entsprechend gekleidet, begibst du dich in die neue Umgebung. Du solltest dich ihr so gut wie möglich anpassen, ohne dich dabei zu kompromittieren. Lerne aus dem, was du dabei erfährst, soviel wie möglich.

KERZENÜBUNG

Zu dieser Übung brauchst du jemanden, der dir hilft. Entzünde eine Kerze, und stelle sie, einige Zentimeter entfernt, vor dich hin. Schau in die Flamme, und konzentriere dich darauf. Laß dich nicht von plötzlich auftauchenden Gedanken oder von irgendwelchen Vorfällen in der Umgebung ablenken. Konzentriere dich ganz auf die Flamme.

Alle ein bis zwei Minuten wird nun die andere Person die Stille mit der Frage: «Wo bist du?» unterbrechen. Gib darauf keine Antwort. Nimm nur wahr, worauf deine bewußte Aufmerksamkeit gerichtet ist. Hat sie sich von der Kerzenflamme abgewandt, dann lenke sie darauf zurück. Die Wiederholung dieser Übung lehrt dich, die Aufmerksamkeit des Geistes gezielt auf etwas zu richten.

ENTSCHEIDUNGSÜBUNG

Ist das Fällen einer Entscheidung für dich dermaßen kompliziert geworden, daß es dich jeglicher Spontaneität beraubt, dann solltest du diese Übung anwenden. Sie erlaubt dir, gegen allzu lange Perioden des Grübelns anzugehen. Benutze die *CAN*-Technik bei schwierigen Entscheidungen: Dabei steht das *C* für die chronologische, also den Zeitplan betreffende Wahl, das *A* für die alphabetischen und das *N* für die numerischen Möglichkeiten. Ist es schwierig geworden, eine Entscheidung zu treffen, dann bindest du diese CAN (Büchse) an den Schwanz von Möglichkeiten, die dir offenstehen.

Du beginnst mit C, das heißt, du tust ganz einfach, was zeitlich zuerst zu tun ist. Gibt es dabei verschiedene Dinge, die gleichzeitig anstehen, dann entscheidest du dich unter diesen Möglichkeiten nach der alphabetischen Reihenfolge. Sollten mehrere Möglichkeiten vorhanden sein, die mit dem gleichen Buchstaben beginnen, gehst du wie folgt vor: Gibt es Varianten, die sich auf Zahlen beziehen, erledigst du die mit der kleinsten Zahl in Beziehung stehende zuerst und so weiter. Sollten Möglichkeiten nichts mit Zahlen zu tun haben, dann versuchst du, sie mit einer Zahl zu assoziieren. Du kannst (can) eine entschlußfreudige Person sein.

ENERGETISIERUNGSÜBUNG

Strecke deine Arme in Schulterhöhe gerade nach vorn, die Handflächen sind dabei nach unten gerichtet. Biege die Finger so weit wie möglich nach oben. Stell dir vor, daß in regelmäßigem, schnellem Rhythmus ein Tennisball gegen beide Handflächen springt. Gleichmäßig und tief atmend, umfaßt du jeden Tennisball, wenn er deine Handfläche berührt, und läßt ihn wieder los. Bei jedem Umfassen preßt du die Finger fest gegen die Handflächen. Nach jedem Loslassen biegst du sie wieder nach oben. Schau, daß dabei der Rhythmus so schnell wie möglich ist. Zähle jedesmal in Gedanken, wenn die Finger die Handflächen berühren. Fünfzig Berührungen sind mindestens nötig, um den Energetisierungseffekt zu erreichen, der dich hellwach und konzentriert jede Aufgabe in Angriff nehmen läßt.

LOCKERUNGSÜBUNG

Stell dir vor, du hängst mit deinem Kopf an einem Faden, der sich in der Verlängerung deiner Wirbelsäule nach oben spannt. Verschiebe im Stehen deinen Schwerpunkt, ohne einen Fuß zu heben, bis du ein Gefühl für deine Schwerkraftlinie entwickelt hast. Da der Faden nicht an deinem Gesicht festgemacht ist, kannst du deine Gesichtsmuskeln in Richtung Schwerkraft entspannen. Laß sie so, bis du sprichst, ißt oder trinkst. Deine Schultern sollten locker hängen, es sei denn, du trägst etwas. Solange du deine Arme und Hände nicht brauchst, sollten sie leicht schwingen und pendeln. Halte deine Beine und Füße nur soweit angespannt, wie es für den sicheren Stand nötig ist. Fortgesetztes Ausführen dieser Übung hilft dir, dich locker durch deinen Alltag zu bewegen.

ENTSPANNUNGSÜBUNG

Jede Aufregung ist mit einer Muskelanspannung verbunden. Diese kann Entspannung und Schlaf verhindern. Der wirksamste Weg, aus der Anspannung herauszukommen, ist es, sich in sie hineinzufühlen, bis man sie ganz spürt, und dann loszulassen.

Und so läuft die Übung ab: Balle deine Finger zu einer festen Faust, und fühle, was deine Muskeln dabei tun. Sobald du diese Empfindung registriert hast, kannst du die Finger wieder loslassen und deine Hände lockern. Dabei erfährst du bewußt das Gefühl der Entspannung.

Mache nun dasselbe mit der Muskulatur der Arme, Beine und des Rumpfes, danach mit derjenigen von Gesicht und Hals. Je länger du den Muskeln nach der Anspannung Entspannung gewährst, desto mehr Muskeln werden um so stärker gelockert.

Entwickle deine eigenen Intervalle der Muskelentspannung, und benutze die so auf deine Bedürfnisse zugeschnittene Übung, wann immer du dich dazu aufgelegt fühlst. Das wird dich zwar nicht in jedem Fall vor Aufregung schützen, aber es bewahrt dich davor, darüber aufgeregt zu werden, daß du aufgeregt bist.

ÜBUNG DES GEBENS

Massiere jemanden, den du gern anfaßt. Beginne mit einer sanften Kopfmassage. Dabei sollte jede Bewegung fest und dennoch sanft, vollständig und nicht überraschend ausgeführt werden. Wende möglichst lange, ineinander übergehende Bewegungen an. Benutzt du Öl oder eine Lotion, dann solltest du sie in deinen Händen auf Körpertemperatur erwärmen, bevor du den andern berührst. Deine Hände sollten stets an den Ausgangspunkt der letzten Bewegung zurückkehren, bevor sie zu einer neuen übergehen. So wird der oder die Massierte nicht durch eine unerwartete Berührung erschreckt. Am besten ist es, nicht zu sprechen. Verhilf der Person, die du massierst dazu, ihre gesamte Haut als ein Organ zu empfinden, das sie mit der Welt verbindet. Dies ist entschieden besser, als sie für einen Schutzschild zu halten, der sie davon trennt.

VISUELLE MEDITATION

Du kannst diese Meditation anwenden, um das Gefühl der Ruhe in dir entstehen zu lassen, oder um dich auf einen erholsamen Schlaf vorzubereiten.

Mache es dir so bequem wie möglich, bevor du die Augen schließt. Stelle dir dann eine Landschaft vor, in der du gern sein möchtest, in der es aber keinen Menschen zu sehen gibt. Diese Landschaft kannst du dir nach einem Bild, einer dir bekannten Gegend oder ganz nach der Phantasie ausmalen.

Du läßt nun die gewählte Szene in deinem Geist entstehen, wie ein Bühnenbildner oder ein Kunstmaler sein Werk aufbaut. Verhalte dich, als ob du in jeder beliebigen Geschwindigkeit vorgehen könntest und dabei ein unbegrenztes Talent, eine Fülle von Material und unbeschränkt Zeit zur Verfügung hättest.

Von nun an kannst du deine Kreation als einen Ort betrachten, an den du dich immer wieder zurückziehen kannst, wo du einige Minuten der Entspannung verbringen kannst und inneren Frieden findest.

LEBENSÜBUNG

Wie wäre es, wenn dein Leben von jemandem übernommen und weitergelebt würde, der zu deinem besten Freund wird? Sowie er dein Leben übernimmt, wird er auch deinen Charakter und deine Glaubensvorstellungen übernehmen müssen, damit dein Leben bleibt, was es ist.

Hast du dir das mit allen Folgen vorgestellt, gehst du dazu über, dein Leben für deinen zukünftigen Freund in Ordnung zu bringen. Räume mit dem psychischen und physischen Abfall auf, bringe alles so in Ordnung, wie du es schon lange hättest tun wollen. Du willst deinen besten Freund doch nicht auf einen miesen Trip schicken, oder?

LIEBESÜBUNG

Begegne während eines Tages jedem Menschen wie einem erleuchteten Wesen, das nur dazu da ist, dein Bewußtsein zu entwickeln. Unterstelle allen die besten Beweggründe. Solltest du dabei einmal ärgerlich werden wollen, so bemühe dich, deine Energie statt in den Ärger auf diese Kreation des Bewußtseins zu lenken. Schöpfe ein neues Ich, das sich nicht ärgert, oder eine neue Situation, in der es keinen Ärger gibt. Wenn du jeden Menschen so fest liebst, wie du nur kannst (wobei es keine Rolle spielt, wo er lebt oder was er tut), so wirst du lernen, dich ebenso zu lieben.

EHRLICHKEITSÜBUNG

Sei ehrlich mit dir selbst, mit deinen Gefühlen, deinem Denken und Spüren. Überlasse dich nicht der Gewohnheit, dich mit den Augen der anderen sehen zu wollen. Während deines ganzen Lebens warst du Konditionierungen ausgesetzt, die dich lehrten, deine wahren Gefühle, Gedanken und Empfindungen zu verleugnen. Entspanne dich, und überlasse dich dem, was du fühlst, denn es ist wirklich. Erinnere dich daran, daß nichts undenkbar ist. Betrachte deine Sinne als Verbindung zu deinem Erleben, statt sie als Sieb zu benutzen, das nach allgemein Akzeptiertem oder Abgelehntem aussortiert.

Ist dir das Ehrlichsein mit dir selbst zur Gewohnheit geworden, kannst du es auch auf deine Beziehung zu anderen anwenden, ohne dabei stur zu sein. Höre nicht auf, bis sich deine Ehrlichkeit auf alle Bereiche deines Lebens bezieht.

ÜBUNG DES ANNEHMENS

Achte während der nächsten vierzehn Tage mal besonders auf alle Einladungen, die du erhältst. Nimm jede an, sofern sie dich nicht zu einem Verhalten zwingt, das dir nicht liegt oder dir Zugeständnisse abnötigt, die du nicht machen willst. Notiere dir alle Einladungen, und halte jeweils fest, ob du sie angenommen oder abgelehnt hast.

Diese zwei Wochen werden dir Aufschluß über einige Züge deiner selbst geben. Du wirst von beiden Sorten Einladungen, von denen, die du annimmst, und von den andern, die du ablehnst, etwas lernen. Nach diesen zwei Wochen liest du deine Liste nochmals durch und vergleichst deine Entscheidungen mit den Erfahrungen, die du gemacht hast. Danach kannst du dich entscheiden, ob du mit dieser Übung fortfahren willst oder nicht.

LACHÜBUNG

Dazu setzt sich eine Gruppe von Leuten im Kreis hin. Irgendeiner beginnt, indem er «Ha» sagt. Nach ihm tut der oder die zu seiner Linken Sitzende dasselbe und so weiter, bis jeder im Kreis einmal dran war. Ist der erste wieder an der Reihe, sagt er «Ha, ha», und auch das geht wieder im Kreis herum. Jedesmal wenn die Reihe wieder an den Beginnenden kommt, fügt dieser ein weiteres «Ha» hinzu, solange bis die ganze Runde von einem zwerchfellerschütternden Lachen erfüllt ist. Nimmst du diesen Vorgang auf Band auf, kannst du bei Gelegenheit die Übung auch im Alleinsein auf dich wirken lassen.

FREIHEITSÜBUNG

Mit dieser Übung beschließt du jeden Tag aufs neue, ob du so bleiben willst, wie du gestern warst. Nur du kannst wissen, ob die Verhaltensweisen, der Lebensstil und die Aktivitäten, die für dich gestern Gültigkeit besaßen, es heute auch noch tun. Ob du sie beibehältst oder veränderst, unterliegt deiner Wahl – entscheide dich heute.

FRAGEÜBUNG

Der erste Schritt zu brauchbaren Antworten sind ebensolche Fragen. Bist du gewohnt, Antworten zu erhalten, die schwer zu verstehen sind, mag es daran liegen, daß du nicht die richtigen Fragen stellst.

Stelle dir mal Fragen folgender Art: «Gibt mir diese Situation, was ich will? Soll ich weiterhin auf diese Art handeln, auch wenn es nur aus Gewohnheit geschieht? Was bringt mir der Einsatz meiner Energie? Geschieht mein Handeln zu meinem Besten?»

Gib auf dich acht und auf das, was du aus deinen Fragen lernst. Mit dem Wiederholen dieser Übung werden deine Fragen und Antworten mehr Bedeutung erlangen. Erinnere dich daran, daß genauso, wie nichts undenkbar ist, auch nichts nicht zu erfragen ist.

SEXUELLE ÜBUNG

Bringe deine Wohnung in Ordnung, wie du es normalerweise für einen wichtigen Besuch machst. Laß sie im besten Licht erscheinen, entzünde Kerzen, brenne Räucherstäbchen ab, stelle beste Raucherwaren und Weine bereit und sorge für anregende Musik. Kurz, nimm deine ganze Vorstellungskraft zu Hilfe, um eine Umgebung zu schaffen, die dir gefällt, denn du selbst bist der wichtige Besuch.

Betrachte deinen nackten Körper ganz genau in zwei, drei Spiegeln, die du zu diesem Zweck einander gegenüber aufgestellt hast. Vermeide es, deinen Körper mit dem eines anderen Menschen oder mit dem, was du über Anatomie weißt, zu vergleichen. Betrachte ihn wie eine abstrakte Skulptur. Versuche die anziehenden Seiten deines Körpers zu finden, und bewundere ihre Vollkommenheit. Dabei magst du die Schönheit entdecken, die in der Wölbung eines Fingernagels liegt, die phantastische Geschmeidigkeit eines Muskels oder den schönen Schwung eines Rippenbogens bewundern. Untersuche deinen ganzen Körper, jede Sommersprosse, jedes Muttermal oder Härchen. Finde heraus, was die besondere Attraktivität deines Körpers ausmacht, als wenn du ihn zum erstenmal sehen würdest.

Beim Abtasten deines Körpers solltest du ein Körperöl benutzen. Jetzt gilt es herauszufinden, welche Stellen deines Körpers auf ein leichtes Kratzen oder Zwicken reagieren. Verändere immer wieder Intensität, Art und Richtung deiner Bewegung. Versuche festzuhalten, wie die Reaktionen auf bestimmte Einwirkungen sind. Dabei kann es geschehen, daß das richtige Berühren einer empfindlichen Stelle eine anregende Wirkung erzeugt. Diese Erforschung des Körpers kannst du so lange ausdehnen, wie es dir Lust bereitet, ohne auch nur eine Stelle zu vernachlässigen. All dies geschieht zu deinem Vergnügen.

Das Ziel dieser Übung ist die Masturbation. Damit ist

nicht jene übereilige Aktivität gemeint, die schnell zu einem Orgasmus führen soll, im Gegenteil. Es soll eine langsame Stimulierung sein, von gelegentlichen Pausen unterbrochen, die dich auf die Ebene der Erregung, kurz vor dem Orgasmus, führt.

Konzentriere dich dabei auf die Lust, die bei der Annäherung an den Höhepunkt immer größer wird. Treibe es so weit, bis die Vorgefühle des Orgasmus aufsteigen, welche anzeigen, daß es bald kein Zurück mehr gibt, und halte inne. Mache weiter, sobald dieses Gefühl nachgelassen hat. Fahre mit der Stimulierung fort, bis du spürst, daß du stärker erregt bist als je zuvor. Jetzt weißt du also, was dich erregt, und damit kannst du auch jemand anderem sagen oder zeigen, wie er dich erregen kann. Jetzt, da du zu dir stehst, kannst du dich selbst zum Höhepunkt bringen.

GARTENÜBUNG

Vielleicht hast du schon einen Zen-Garten oder wenigstens Bilder von den kunstvoll arrangierten Felsgesteinen gesehen, die sich aus akkurat in den Sand geharkten Mustern erheben. Solltest du noch nie die heitere Gelassenheit eines solchen Anblicks empfunden haben, so versuche dies nun zu Beginn dieser Übung zu tun. Im zweiten Teil der Übung geht es darum, daß du in der Vorstellung deinen eigenen Zen-Garten entwirfst. Gehe dabei langsam vor, wähle sorgfältig die Tönung des Sandes, begutachte den Umriß jedes einzelnen Felsbrockens, und setze jeden mit einer Zeremonie, die Freude und Befriedigung ausdrückt, an seinen Platz. Jetzt harkst du in deiner Vorstellung den Sand, um darin die fließenden Muster zu hinterlassen, die das Auge so entzücken und die Aufmerksamkeit auf die Harmonie der Schöpfung lenken. Bearbeite den Garten, bis er dir, aus jedem Blickwinkel betrachtet, gefällt.

Hast du deinen geistigen Entwurf beendet, entsteht in dir vielleicht der Wunsch, einen realen Zen-Garten zu erschaffen, wobei du als Material benutzen kannst, was immer du gerade zur Hand hast. Zum Beispiel möchtest du vielleicht einen Miniaturgarten in einer kleinen Schachtel anlegen, wobei du anstelle von Sand Salz und Kiesel als Felsgestein benutzen kannst. Laß dich wieder einmal ganz von deiner Vorstellungskraft leiten – vielleicht wirst du einen Zen-Garten im Hof anziehender finden als den üblichen Rasen.

Ganz gleich, ob du nun einen realen Zen-Garten anlegst oder nicht, der geistige wird dir immer als der Ort der Stille zur Verfügung stehen, an dem du die Ruhe findest, die den Geist erfrischt.

WUNSCHERFÜLLUNGSÜBUNG

Wenn du das Gefühl hast, du würdest vom Leben nicht erhalten, was du brauchst, dann kann diese Übung dazu beitragen, die Ursachen für dieses Gefühl zu erkennen. Sie wird dir auch zu einer positiveren Geisteshaltung verhelfen. Lege eine Liste an (die Reihenfolge ist dabei unwesentlich), die alles enthält, was du dir vom Leben erhoffst, ob es nun konkret oder abstrakt, materiell oder geistig, emotional oder intellektuell ist.

Ist die Liste nach deinem Gefühl vollständig, beginnst du damit, sie zu verfeinern, indem du jene Wünsche ausklammerst, deren Verwirklichung nicht deinem persönlichen Einfluß unterliegt.

Der Begriff Weltfrieden mag vielleicht als etwas, das du dir wünschst, auf deiner Liste vorkommen. Diesen Begriff mußt du allerdings streichen, da zu seiner Verwirklichung die ganze Welt auf deinen ‹Trip› gehen müßte. Ersetze ihn durch einen anderen, persönlicheren, wie etwa den Wunsch, mit der Welt in Frieden zu leben oder nach Kräften den Frieden in der Welt zu fördern. Vermeide den Wunsch, die Vergangenheit zu verändern, und ersetze alle Ziele, die verlangen, daß du deine Einstellung zur Vergangenheit änderst. Ersetze sie durch solche, die deine Einstellung zur gegenwärtigen Situation verändern. Sollte nichts davon wirkungsvoll sein, so setze den Wunsch nach einem Wechsel der herrschenden Bedingungen auf die Liste. Eliminiere alle Ziele, welche ein bestimmtes Verhalten anderer voraussetzen, da dies zur Folge haben kann, daß du die Energie, die du selbst brauchst, bei der Beeinflussung anderer zu stark verausgabst. Als nächstes überprüfst du, welches Material du brauchst, dabei stets im Auge behaltend, daß materieller Besitz, der nicht eingesetzt wird, einer Verschleuderung gleichkommt. Befreie dich davon, etwas zu wünschen, das dein Leben verkompliziert, ohne dir zum Ausgleich einen Nutzen zu bringen.

Nachdem du alles darangesetzt hast, aus der Liste auszumerzen, was nicht brauchbar ist, schreibst du die verbliebenen Punkte in der Reihenfolge ihrer Wichtigkeit auf. Dies sind die Dinge, die du willst. Nun weißt du, auf was du dich konzentrieren und worauf du deine Energie verwenden mußt.

Wann immer du es für nötig hältst, gehst du die Liste durch und überholst sie. Setze Punkte hinzu, deren Wichtigkeit du erst jetzt erkannt hast, und streiche diejenigen, die verwirklicht worden oder nicht mehr anstrebenswert sind. Arbeite mit dieser Liste, solange sie dir hilft zu erreichen, was du willst.

SCHMERZLINDERUNGSMEDITATION

Buddha zählte zu den *edlen Wahrheiten,* daß das Leiden existiert. Eine Art des Leidens ist das Resultat der geistigen Einstellung und kann durch die Arbeit an diesen Konzepten, Erwartungen und Wünschen (die alle verändert werden können) verringert werden. Anderes Leid ist eine rein physische Empfindung und kann durch diese Übung gelindert werden.

Ein Teil deiner Reaktion auf physische Empfindungen ist programmiert, ein angelerntes Verhalten auf der Grundlage vergangener Erfahrungen, gegenwärtig herrschender Bedingungen und geistiger Konstruktionen. Kneift dich etwa jemand in die Hand, der dich mag, dann empfindest du es als angenehm. Tut es aber jemand, der damit seinem Ärger über dich Ausdruck verleiht, dann registrierst du das als Schmerz. Dies zu wissen, wird dir helfen, unmittelbarer mit den physischen Empfindungen, die du als Schmerz erfährst, umzugehen.

Nimmst du ein Gefühl wahr, das du als Schmerz erkannt und erfolglos zu ignorieren versucht hast, sollst du im Gegenteil deine Aufmerksamkeit darauf richten. Jede Meditation besteht aus Kontrolle über die Aufmerksamkeit. Konzentriere dich ganz auf den Schmerz, und prüfe die Empfindung. Während der Konzentration atmest du tief in langsamen, gleichmäßigen Zügen, und setzt dich mit der Reizempfindung auseinander. Erfahre den Schmerz wie etwas, das du gründlich erforschen willst. Ist er nicht so stark, daß du dabei das Bewußtsein verlierst, wird dir diese Meditation dazu verhelfen, die Empfindung als eine bestehende Realität zu akzeptieren, bis du auf jene andere Realität einwirken kannst, die sie hervorruft.

ÜBUNG DES VERGNÜGENS

Unternimm jeden Tag etwas, das einzig deinem persönlichen Vergnügen dient. Um daraus den größtmöglichen Gewinn zu ziehen, vergewisserst du dich, daß du damit nicht das Vergnügen anderer minderst. Werde mitverantwortlich für die Vermehrung der Freude in der Welt, indem du dir selbst guttust. Bleibe bei dieser Übung, bis du einen ganzen Tag voller Freude erlebt hast.

ÜBUNG IM GEHEIMNIS

Versuche jeden Tag, einem anderen Menschen einen reibungslosen Tagesablauf zu verschaffen. Dabei sorgst du dafür, daß deine Bemühungen von niemandem wahrgenommen werden, und erfreust dich ganz einfach deiner anonymen Wohltätigkeit. Entdeckt man dein Tun bei Gelegenheit, dann suchst du deine Anonymität bei zwei anderen Hilfestellungen dieses Tages wieder zurückzugewinnen.

ÜBUNG DER STILLE

Bist du den Gebrauch von belebenden Substanzen nur in Gesellschaft gewohnt, so verwende sie mal ganz allein. Richte es so ein, daß niemand dich stört. Verhalte dich still, solange die Substanz in deinem System wirkt. Dabei versuchst du, ganz in der Erfahrung aufzugehen und daraus möglichst viel zu lernen.

ÜBUNG DER LUST

Diese Übung baut auf der Grundlage überlieferter tantrischer Sexualpraktiken auf, die zum Ziel haben, den Geschlechtsakt auszudehnen, indem der männliche Partner seinen Orgasmus verhindert. Diese Technik wird im Westen *Karezza* genannt und oft durch willkürliche Anweisungen und technische Unterteilung ihres eigentlich kontinuierlichen Ablaufes unnötig kompliziert dargestellt. Der verlängerte sexuelle Akt kann zu einer wertvollen Meditation werden, wobei es keinen anderen Grund als den einer – nicht sehr sicheren – Methode der Empfängnisverhütung zu geben scheint, eine abschließende Ejakulation zu vermeiden.

Wesentlich für den Lustgewinn aus einer sexuellen Begegnung sind ein ausgedehntes Vorspiel, das beide Partner erregt, die Bereitschaft zum Experiment und gelegentliche Pausen, die den männlichen Orgasmus hinausschieben helfen. Zusätzlich hilfreich sind Anweisungen wie folgende: Nehmt euch Zeit. Haltet euren Mund geschlossen, es sei denn, ihr küßt und leckt euch. Stöhnt oder schreit nur, wenn es wirklich nicht anders geht, und vermeidet es, ins Schwitzen zu kommen. Seid immer bereit, die verschiedensten Stellungen auszuprobieren und Regeln oder Prinzipien zugunsten der Spontaneität fallenzulassen.

Lustvoller Sex ist eher von der Einstellung als von speziellen Techniken abhängig. Er ist eine kontemplative Form der Liebe und des wechselseitigen Entdeckens. In der Vereinigung erleben Liebende aufs tiefste ihre Nerven-, Drüsen- und Seelenempfindungen.

KÖRPERÜBUNG

Genauso wie du für das Programm deines Geistes verantwortlich bist, überwachst du auch dein körperliches Verhalten. Dein Körper reagiert auf sich wiederholende Bewegungen, indem er deren Ablauf zur Fertigkeit entwickelt. Merkst du, daß es mehr Übung braucht, um den physischen Anforderungen gewachsen zu sein, dann liegt es an dir, vermehrt körperliche Aktivität in deinen Alltag einzubringen. Selbst wenn du schon Tanzgymnastik, Bodybuilding, regelmäßiges Laufen oder andere Übungsprogramme ausübst, kannst du immer noch von diesem auf dich zugeschnittenen Körperübungsprogramm profitieren.

Beginne damit, daß du festhältst, welche körperlichen Anstrengungen, die dein Alltag erfordert, bis jetzt von jemand anderem oder durch technische Hilfsmittel für dich erbracht werden. Entwirf nun ein Programm, das dir erlaubt, diese Aktivitäten selbst zu übernehmen, ohne daß du dabei mit deinem Selbstverständnis in Konflikt gerätst. Sei für Veränderungen offen, und laß dich von ihnen leiten.

Verbinde deine körperlichen Anstrengungen mit lustvollen Elementen. So kannst du etwa in einer felsigen Gegend kleinere und größere Gesteinsbrocken zu einem Felsgarten zusammentragen. Übernimm alle häuslichen Arbeiten, die dir die Befriedigung einer vollbrachten körperlichen Leistung vermitteln können. Das Erledigen der anfallenden körperlichen Arbeit kann ebenso erfüllend sein wie selbständiges Denken.

ÜBUNG IM NEUPROGRAMMIEREN

Da Veränderung ein anhaltender Vorgang ist, braucht man sich nicht mehr mit veralteten Programmen herumzuschlagen, sobald man bereit ist, neu zu programmieren. Die in der Vergangenheit herrschenden Umstände, nach denen deine gegenwärtigen Verhaltensmuster ausgerichtet sind, werden sicher nicht bis in alle Zukunft dieselben bleiben. Du kannst dich den sich ändernden Umständen leicht anpassen, wenn du die aktive Rolle in deinem Leben übernimmst.

Überprüfe dein Programm auf Gewohnheiten, die kontraproduktiv geworden sind, auf Vorlieben, die sich zur Abhängigkeit entwickelt haben, auf Reaktionen, die keine angemessenen Antworten auf die jeweilige Situation mehr sind. Findest du charakteristische Verhaltensmuster, die zu ändern sind, dann hast du bereits den ersten Schritt zu einer wichtigen Veränderung getan.

Sind die Programmschritte festgelegt, die du überarbeiten willst, hältst du fest, wie du sie abändern mußt. Fasse dabei soviel Information wie nötig zusammen, um eine vollständige Beschreibung der vorzunehmenden Veränderungen geben zu können. Danach sammelst du die dafür wichtigen Daten und besprichst sie mit anderen, die ähnliche Veränderungen durchlaufen haben. Lies alles, was zu diesem Thema erhältlich ist.

Als nächstes stellst du dir vor, wie du mit deinem neuen Verhalten reagierst, indem du dich in eine vertraute Situation hineinversetzt und das neue Verhalten anwendest. Laß diesen Vorgang immer wieder vor deinem geistigen Auge ablaufen, bis er dir wirklich erscheint. Beginne dann, so zu leben, voller Freude, es geschafft zu haben.

ÜBEN DES ERFINDENS

Alle hier dargestellten Übungen zielen ab auf ein harmonisches Zusammenspiel von Geist und Körper im Laufe des Lebens, das zu führen du dich entschieden hast. Du weißt mehr über dieses Leben als alle anderen, falls du auf dich achtest. Du bist am besten dazu geeignet, eine Übung zu erfinden, die dein Dasein erweitern hilft. Tu dies jetzt, und wende sie unmittelbar an. Teile die Früchte deines Einsatzes mit anderen.